中华经典精粹解读

战国策

缪文远 编著

中華書局

图书在版编目（CIP）数据

战国策/缪文远编著．—北京：中华书局，2011.9
（2024.7重印）
（中华经典精粹解读）
ISBN 978-7-101-08159-6

Ⅰ．战…　Ⅱ．缪…　Ⅲ．①中国历史-战国时代-史籍②战国策-注释　Ⅳ．K231.04

中国版本图书馆CIP数据核字（2011）第169924号

书　　名　战国策
编 著 者　缪文远
丛 书 名　中华经典精粹解读
责任编辑　吴爱兰
责任印制　陈丽娜
出版发行　中华书局
（北京市丰台区太平桥西里38号　100073）
http://www.zhbc.com.cn
E-mail：zhbc@zhbc.com.cn
印　　刷　天津画中画印刷有限公司
版　　次　2011年9月第1版
2024年7月第5次印刷
规　　格　开本/880×1230毫米　1/32
印张6¼　插页1　字数200千字
印　　数　22001-25000
国际书号　ISBN 978-7-101-08159-6
定　　价　45.00元

出版说明

在快节奏的现代生活中，如何在有限的时间里读到中国传统文化中最经典的著作？怎样才能尽快领略到经典的核心要义，减少在茫茫书海中不得要领的辛苦？“中华经典精粹解读”丛书正是为适应当代读者需求而特别编写的国学经典普及丛书。

丛书“精粹”二字体现在两个方面：一是所选典籍均为中国传统文化中最具代表性的著作，二是所选文段均为经典中的精华部分。

原文后附“扩展阅读”，是参照原文选段，从其他经典著作中选摘出的内容、思想与本段相关的语段，以使读者获得比较阅读的乐趣，视野得以开阔，思路得以拓宽，从而更加全面深入地理解选文。

段末“点评”，是在充分尊重前人思想成果的基础上，从当代人的视角出发，对文段精髓加以讨论解读，以唤起读者更多的思索和体悟。

原文选段及扩展阅读选段之后，辅以侧重语词解释的注释和串讲文意的译文，不作繁琐考证，以助理解；生僻字词均加注汉语拼音，以利诵读。

本套丛书选用中华书局出版的权威版本作为底本，由富有研究成果的专家学者协力遴选篇章、撰写导言及点评，在此对专家学者们“撷取务精、注释务准”的专业精神表示由衷谢意。

藉由此书，我们愿为古典文学爱好者以及有兴趣了解经典的读者奉上可参考的常备读本。希望我们的努力可以为传统经典贴近当代读者、当代读者走近传统经典助力。

中华书局编辑部

2011 年 9 月

导 言

《战国策》是我国古代的文史名著，它产生的时代背景如何？它的作者是谁？这是受到人们关注的重要问题。经过许多学者的研究，我们确知《战国策》是从战国到秦、汉间纵横家游说之辞和权变故事的汇编，既不作于一时，也不成于一手，不会是某一个人的作品。

战国时代，秦、楚、燕、韩、赵、魏、齐七国之间，斗争尖锐而频繁，于是有人专门从事外交策略的研究，讲究如何揣摩人主心理，运用纵横捭阖的手腕，约结盟国，孤立和打击敌国，古代把这些人称为纵横家。纵横家对游说之术非常重视，为了切磋说动人君的技艺，他们不断地收集材料，储以备用，有的亲自拟作，以资练习，《战国策》中的许多篇章就是这样产生的。当代学者中，有人主张秦、汉之际的辩士蒯通是《战国策》的作者，也有人认为西汉前期的政治家主父偃、文学家邹阳也是作者。可能他们都是编集者之一，而大量的篇章是无法确定作者的。

战国时期，我国历史发生了剧烈变化。在社会经济方面，由封建领主制转变为封建地主制；在政治方面，由春秋时期的小国林立，转变为七国争雄。由争雄到统一，成了战国时期政治军事活动的主要内容。以用人来说，春秋时期的官职多由贵族世代相承，到了战国时期，旧贵族没落，士阶层兴起，各国都加强了中央集权，由国君选任贤才，充当各级官吏。有才能的人，只要受到国君的赏识，便可以平步青云，朝为布衣，暮为卿相。智能之士纷纷奔走于各国之间，希望说动人君采纳自己的主张，各家各派的人物莫不如此。孟轲以“善辩”著称，庄周巧于用寓言作比喻，墨翟说服楚王，止楚攻宋，流为佳话。韩非也讲究谈话技巧，提出进说不要犯人主的“逆鳞”。至于纵横之士，如公孙衍、张仪、陈轸、苏秦、虞卿等人，审时度势，提出奇策异谋，化危为安，转亡为存，更是战国舞台上的活跃人物。

西汉初年，先有韩信、彭越等异姓王之封，在刘邦、吕雉诛锄功臣之后，又封了许多刘家子弟，建立若干同姓王国，局势和战国相似，因而纵横权变之术继续流行，蒯通、主父偃、邹阳等人，就是其中的佼佼者。

纵横家们所写的权变故事和游说之辞，如果我们细心研讨，大体可分作两类。一类属于早期作品，写作时间距所涉及事件发生的时代不远，虽然文采较逊，但内容大致符合历史事实，《战国策》中的许多中短篇说辞都属于这一类。另一类是晚出的摹拟之作，写作时间距所拟托的时代已远，拟作者对史实已感到茫然，其中许多都是托喻之言、虚构之事，目的只是在于练习雄辩，不能当作史实看待。

有的学者谈到，古希腊和罗马的辩论家们在教授门下弟子修辞学时，要对他们施以特殊的训练，这就是任选一项历史上的(或传说中的）事件，作为问题提出，让弟子们充当假设场景中的人物，试行作出适当的建议，或提出适当的对策，用以比赛雄辩的技巧。中国古代可能也有类似的训练，《战国策》中的一些篇章，就是这种练习雄辩的产物。这类作品，谈形势则扞格难通，言地理则东西错位，多属信口开河，难称实事求是。《战国策》中的许多长篇说辞，如有名的苏秦、张仪以合纵、连横游说各国之辞，大都属于这类。《史记》的作者司马迁说过，世间谈到苏秦的事，有许多差异，因为后来类似的事件，往往附会到苏秦身上。不仅苏秦是箭垛式人物，其他人的事迹也有类似情形。

西汉末年，光禄大夫刘向奉诏校书，见到了皇家图书馆中许多记载纵横家说辞的写本，内容庞杂，编排体例不一，文字也错乱难读。他所见到的有六种本子，它们有《国策》（这是刘向所见的写本之一，不是今本《战国策》）、《国争》、《短长》、《事语》、《长书》、《修书》等几种不同的名称。刘向认为这些都是战国时游士辅佐任用他们的国家提出的策谋，应称为《战国策》。他按照国别，略以时间编次，定为三十三篇。可知《战国策》的书名是刘向整理后所加的。“策”是策谋的意思，有人把“策”理解为书策(写字用的竹简）的“策”，和刘向命名的原意不合，也脱离了本书的实际内容，不如仍依刘向原说为是。

这类材料，除刘向所见的以外，在民间流传的还有不少。1973 年 12 月，湖南长沙马王堆 3 号汉墓出土了一批帛书，其中有一部和《战国策》类似，整理者命名为《战国纵横家书》。这部帛书共27 章，有 11 章被收入《战国策》和《史记》，其余 16 章是佚书。未经刘向编订的原始面貌，还可从这本书窥见一个大概。

下面，我们来谈谈《战国策》的流传和版本。

《战国策》成书后，东汉学者高诱曾为它作注，和原书一起流行，但在流传中逐渐有所散佚，到北宋时原书已缺了十一篇，由著名文学家曾巩细心访求，才重新补足了三十三篇(卷)之数。南宋时，姚宏搜罗了十几种本子，在曾巩本的基础上，加以整理，并加续注，流传至今，号称善本。此本通称为“姚本”。和他同时，鲍彪也注释此书，各国按王的顺序分章，暗寓为《战国策》重新编年之意。他的工作有不少缺憾，元代吴师道又为他作补正，和鲍注一起流传。此本通称为“鲍本”，其实包含吴师道的校注在内。我们今天所见到的普通《战国策》本子，属于“姚本”系统，它的构成情况是：东周策一卷，西周策一卷，秦策五卷，齐策六卷，楚策四卷，赵策四卷，魏策四卷，韩策三卷，燕策三卷，宋、卫策一卷，中山策一卷。共十二个国别，三十三卷。《战国策》在流传过程中，经过许多次传抄和翻刻，产生了不少文字错讹，影响我们的阅读和理解。因此，历代有若干研究者对此书的文字进行校订和注释，有的是专书，有的是零篇短札，都可供我们参考。

《战国策》的价值，可从史学和文学两个方面来看。

战国时期，波翻云诡，策士纵横，政治、军事和外交斗争错综复杂，令人目迷五色。但我们在研习这段历史时，却感到材料异常缺乏，其原因是多方面的，一是当时各国对文献的销毁，更为严重的是秦始皇焚书，六国的史籍是焚烧的重点，竹帛烟消，典籍散亡，造成了难以弥补的损失。战国二百数十年间的历史，全靠《战国策》保存了一个梗概，这是极其难得的。我们今天去古已远，尤其应该珍视。

在文学方面，《战国策》也是千古传诵的名著，历代许多知名的文学家都受其影响，从中汲取了宝贵的营养。

本书创造了众多的人物形象，各种不同身份、不同性格的人都栩栩如生，跃然纸上。

纵横家是战国舞台上风头最健的人物，他们不仅对天下大势、各国实力、风土人情、山川险隘了如指掌，还要揣度人主心理，有针对性地提出对策。如书中写苏秦、张仪游说各国，谈锋犀利，舌吐风雷，一席谈话，便使得国君俯首，倾心听从。又如写弹铗而歌的冯谖，为孟尝君焚券市义，赢得薛邑人民的拥护。写陈轸为齐说昭阳，谈言微中，化解了齐、楚之间的一场战祸。特别是书中写了一些品格高尚的人物，形象突出，光彩照人。如写鲁仲连义不帝秦，指斥向强秦低头的辛垣衍，英气逼人，千古如见。唐代飘逸的诗仙李白，在诗篇中把他引为同调。写唐且不畏权威，奋力抗争，终使秦王的野心收敛。写邹忌讽齐王纳谏，从身边的琐事悟入，小中见大，由近及远，诱导齐王虚心听取臣民的意见。此外，如写商鞅、范雎、田单、乐毅的政治、军事活动，写赵武灵王胡服骑射，锐意革新，都虎虎有生气，令人难忘。写反面人物，如谗臣王错、奸妃郑袖、暴君宋康王、昏君魏惠王等，则揭露他们的阴险愚昧、两面三刀，使魑魅无处遁形。此书可算得上是我国古代传记文学的光辉开端。

在语言方面，《战国策》的文风别具一格，铺张扬厉，雄浑恣肆，气势磅礴，笔力千钧。行文则波澜起伏，笔势纵放，绝无平铺直叙之笔。涵泳其中，可使我们执笔为文，富于曲折变化，不致板滞不灵。《战国策》中还运用了许多寓言，如“狐假虎威”、“画蛇添足”、“南辕北辙”、“惊弓之鸟”等等，都一直活跃在人们的口头和笔下，表现出强大的生命力。

《战国策》全书共有460章，我们这里选取十分之一文字优美、思想健康积极的，加以注译和评析，希望能对广大传统文化爱好者扩大知识领域、养成高尚的道德情操等方面，有所裨益。

此外，还需附带说明的有两点：

一、各章的标题都是编选者加上的。

二、据文义校订增入的字加“〔　　〕”、删去的字加“(　　)”。

缪文远

目　录

苏秦以连横说秦

苏秦始将连横说秦惠王曰[①]："大王之国，西有巴、蜀、汉中之利[②]，北有胡貉、代马之用[③]，南有巫山、黔中之限[④]，东有肴、函之固[⑤]。田肥美，民殷富[⑥]，战车万乘，奋击百万[⑦]，沃野千里，蓄积饶多，地势形便，此所谓天府[⑧]，天下之雄国也。以大王之贤，士民之众，车骑之用[⑨]，兵法之教[⑩]，可以并诸侯，吞天下，称帝而治。愿大王少留意，臣请奏其效。"

秦王曰："寡人闻之：毛羽不丰满者，不可以高飞；文章不成者[⑪]，不可以诛罚[⑫]；道德不厚者，不可以使民；政教不顺者[⑬]，不可以烦大臣。今先生俨然不远千里而庭教之[⑭]，愿以异日。"……

说秦王书十上而说不行[15]，黑貂之裘弊[16]，黄金百斤尽，资用乏绝，去秦而归。羸縢履蹻[17]，负书担橐[18]，形容枯槁[19]，面目犁黑[20]，状有归色[21]。归至家，妻不下纴[22]，嫂不为炊，父母不与言。苏秦喟〔然〕叹曰："妻不以我为夫，嫂不以我为叔，父母不以我为子，是皆秦之罪也。"乃夜发书[23]，陈箧数十[24]，得太公《阴符》之谋[25]，伏而诵之，简练以为揣摩[26]。读书欲睡，引锥自刺其股[27]，血流至（足）〔踵〕[28]。曰："安有说人主不能出其金玉锦绣，取卿相之尊者乎？"期年，揣摩成，曰："此真可以说当世之君矣。"

于是乃摩燕乌集阙[29]，见说赵王于华屋之下，抵掌而谈[30]。赵王大悦，封为武安君。受相印，革车百乘[31]，锦绣千纯[32]，白璧百双[33]，黄金万溢[34]，以随其后，约从散横，以抑强秦。

（《秦策一》）

【注释】

①苏秦（？—前284）：字季子，战国时东周洛阳人，纵横家的代表人物之一。 连横：秦国联合东方的某一国，攻打其他的国家。 说（shuì）：游说。战国时策士们用谈话说动国君采纳自己的主张。 秦惠王：名驷，前337—前311年在位。

②巴、蜀：地名，巴指今重庆一带，蜀指今四川西部。 汉中：地名，今陕西南部及湖北西部。 利：富饶。

③胡貉（hé）：北方游牧民族，分布在今内蒙古南部。 代马：地名，代郡、马邑，在今山西东北部。 用：资财。

④巫山：山名，今重庆巫山东。 黔中：郡名，今湖南西部常德地区一带及贵州东北部。 限：险阻。

⑤肴（xiáo）：或作“崤”“殽”，山名，在今河南洛宁北。 函：关名，即函谷关，在今河南灵宝东北。

⑥殷：富饶。

⑦奋击：能奋勇击敌的战士。

⑧天府：天然的府库，指肥沃、险要、物产丰富的地区。

⑨用：可供使用的。

⑩教：训练。

⑪文章：此指法度。

⑫诛：惩罚。

⑬政教：刑赏与教化。

⑭庭：同“廷”。

⑮说：主张。

⑯黑貂（diāo）：身体细长，皮毛珍贵。 弊：破败。

⑰羸（léi）：缠绕。 縢（téng）：绑腿布。 履：踩着。 蹻（juē）：草鞋。

⑱橐（tuó）：一种口袋。

⑲形容：容貌。 枯槁：憔悴。

⑳犁：通“黧”，黑色。

㉑归：通“愧”。

㉒纴（rèn）：织布帛的纱缕。

㉓发：取出。

㉔箧（qiè）：小箱子。

㉕太公《阴符》：太公指周初的开国功臣姜尚，被封于齐，是齐国的始祖。《阴符》，相传是他所写的讲兵法权谋的书。

㉖简练：选择。

㉗引：拿过来。

㉘足：当作“踵”，指脚跟。

㉙燕乌集阙：古关塞名，今地不详。

㉚抵（zhǐ）：击，拍。

㉛革车：一种战车。

㉜纯：匹。

㉝璧：圆形的玉器，中有小圆孔。

㉞溢：通“镒”，重量单位，二十两为一镒（一说二十四两）。

【译文】

苏秦开始用连横的主张去游说秦惠王道：“大王的国家，西边有巴、蜀、汉中的物产可供利用，北边有胡、代地区可提供战备，南有巫山、黔中的险地，东有肴山、函谷关坚固的要塞。土地肥沃，人民众多而富足，拥有战车万辆，精兵百万，良田纵横千里，粮食储备丰富，地理形势便于攻守，这真是人们所说的天然府库，确实是天下的强国啊！凭着大王的贤能，军民的众多，战备的充实，战士的训练有素，完全能够兼并诸侯，统一天下，成为治理天下的帝王。希望大王稍加留意，让我向您陈述如何可以取得重大效果。”

秦惠王道：“我听说，毛羽长得不丰满的鸟儿不能高飞，法制不健全的国家不能实施刑罚，道德不高尚的人不能役使百姓，政教不上轨道的不能拿战争来劳烦大臣。现在先生郑重地不远千里而来，亲临指教，我希望日后再来领教。”……

苏秦游说秦王的奏章先后上了十次，意见始终未被采纳。他穿的黑貂皮衣破旧了，百斤金属货币也用光了，生活费用失去了来源，只好离开秦国回家。他腿上缠着绑腿，脚穿草鞋，背着书箱，挑着行李，神情憔悴，面色黄黑，脸上显出羞愧的神色。回到家里，正在织布的妻子不下机迎接，嫂子也不肯替他烧火做饭，父母也不和他讲话。苏秦长叹道：“妻子不把我当作丈夫，嫂子不把我当作小叔，父母不把我当作儿子，这都是秦的过错啊。”当天晚上取出藏书，打开了几十个书箱，找到一部姜太公写的叫作《阴符》的谋略书，于是埋头苦读，选择精要处反复钻研。当读书困倦、睡意袭来的时候，他就用锥子猛扎自己的大腿，鲜血流到了脚跟。他自言自语地说：“哪里还会有游说列国君主而不能让他们拿出金玉锦绣、取得卿相高位的呢?”经过一年，苏秦钻研有得，感觉良好，他说：“这下真能用来说服各国在位的君主了。”

于是苏秦取道燕乌集阙，在华丽的宫殿里游说赵王，谈得甚是投机。赵王非常高兴，封他为武安君，赐给他相印。并赐给他兵车百辆，锦缎千匹，白璧百双，黄金万镒，跟随在他身后，联络东方各国建立合纵联盟，瓦解连横阵线，用以对付强大的秦国。

扩展阅读

积土成山，风雨兴焉；积水成渊，蛟龙生焉；积善成德，而神明自得，圣心备焉。故不积跬步[①]，无以至千里；不积小流，无以成江海。骐骥一跃，不能十步；驽马十驾，功在不舍。锲而舍之[②]，朽木不折；锲而不舍，金石可镂[③]。

（《荀子·劝学》）

【注释】

①跬步：半步。跬，同“跬”（kuǐ）。

②锲（qiè）：雕刻。

③镂（lòu）：雕刻。

【译文】

积土成山，就会兴风作雨；积水成渊，就会生出蛟龙，多做好事，养成崇高的道德品质，就会得到大智慧，具备和圣人一样的思想。所以不积累许多半步，就走不到千里；不积累许多小的水流，就不能形成江海。骏马一跃，超不过十步；笨马走上十天，也能行到千里，它的成功在于坚持不懈。用刀刻物，如果半途而废，朽木也折不断；如果不停地刻下去，虽金石也会被雕刻成功。

点 评

知识就是力量，学习才能掌握知识。学习需要付出艰苦的努力，像苏秦那种引锥刺股的精神，是值得称道的。

掌握知识，是一个不断积累的过程，日积月累，水滴石穿。

要想学好知识，使知识为我所用，就要不间断地学习，持之以恒。半途而废，会使前功尽弃。只要有镂金刻石的精神，决没有学不好的道理。

工作和学习都不会一帆风顺，经常会遇到困难和挫折，这时再回过头来，在知识的海洋中寻求答案，定会使学习更上一个新台阶。

“众里寻他千百度，蓦然回首，那人却在灯火阑珊处。”成功的喜悦是艰苦学习的最大慰藉。

张仪司马错论伐韩蜀

司马错与张仪争论于秦惠王前[1]。司马错欲伐蜀，张仪曰："不如伐韩。"王曰："请闻其说。"对曰："亲魏善楚，下兵三川[2]，塞轘辕、缑氏之口[3]，当屯留之道[4]，魏绝南阳[5]，楚临南郑[6]，秦攻新城、宜阳[7]，以临二周之郊[8]，诛周主之罪[9]，侵楚、魏之地[10]。周自知不救，九鼎宝器必出[11]。据九鼎，案图籍[12]，挟天子以令天下，天下莫敢不听，此王业也。今夫蜀，西辟之国而戎狄之长也[13]，弊兵劳众不足以成名，得其地不足以为利。臣闻'争名者于朝，争利者于市'，今三川、周室，天下之市朝也，而王不争焉，顾争于戎狄，去王业远矣。"

司马错曰："不然。臣闻之，欲富国者务广其地，欲强兵者务富其民，欲王者务博其德。三资者备，而王随之矣。今王之地小民贫，故臣愿从事于易。夫蜀，西辟之国也，而戎狄之长也，而有桀、纣之乱[14]，以秦攻之，譬如使豺狼逐群羊也。取其地足以广国也，得其财足以富民，缮兵不伤众而彼已服矣[15]。故拔一国而天下不以为暴[16]，利尽西海[17]，诸侯不以为贪，是我一举而名实两附[18]，而又有禁暴正乱之名。今攻韩劫天子，劫天子，恶名也，而未必利也，又有不义之名，而攻天下之所不欲，危！臣请谒其故[19]。周，天下之宗室也；齐，韩、周之与国也。周自知失九鼎，韩自知亡三川，则必将二国并力合谋，以因于齐、赵，而求解乎楚、魏，以鼎与楚，以地与魏，王不能禁，此臣所谓'危'，不如伐蜀之完也。"

惠王曰："善，寡人听子。"卒起兵伐蜀，十月取之，遂定蜀。蜀主更号为侯，而使陈庄相蜀[20]。蜀既属，秦益强富厚，轻诸侯。

（《秦策一》）

【注释】

①司马错：秦将，前316年，奉派领兵伐蜀。　张仪（？—前309）：秦臣，本魏国人，是纵横家的代表人物之一。

②三川：韩郡名，因有黄河、洛水、伊水而得名。辖境包括黄河以南，今河南灵宝以东，中牟以西及北汝河上游地区。

③轘（huán）辕、缑（gōu）氏：均山名。轘辕山在河南巩县西南，上有险关。缑氏山在今河南偃师南。

④当：把守。　屯留：韩地，在今山西屯留县东南。

⑤南阳：地区名，在韩、魏之间，今河南济源、孟县、沁阳一带。

⑥南郑：韩都，在今河南新郑西。

⑦新城、宜阳：均韩地。新城，在今河南伊川西南。宜阳，在今河南宜阳西北的韩城镇。

⑧二周：即东周、西周。

⑨诛：声讨。

⑩楚、魏：当作“三川”。

⑪九鼎：相传是夏、商、周三代的传国之宝，是政权的象征。

⑫图籍：指地图和户籍等档案文书。

⑬辟：通“僻”，偏僻。

⑭桀、纣之乱：像夏桀、商纣那样的亡国祸乱。当时苴（jū）侯在汉中立国。蜀攻苴，苴侯奔巴。蜀又攻巴，苴侯求救于秦。

⑮缮兵：使军队强劲，与上文“弊兵”相对。

⑯拔：攻下。

⑰西海：指蜀国。

⑱附：随带。

⑲谒：陈述。

⑳陈庄：秦臣。前314年，秦惠王封公子通为蜀侯，任他为蜀相。

【译文】

司马错和张仪在秦惠王面前争论，司马错主张攻蜀，张仪说：“不如攻韩。”秦惠王说：“我愿听听你们的意见。”

张仪回答说：“先拉拢魏、楚两国，再出兵攻打韩的三川地区，堵住轘辕、缑氏的口子，塞住屯留的要道，让魏国切断韩国出兵南阳的路，让楚军进攻韩国的都城新郑，秦军再攻打新城和宜阳，兵锋直逼东、西二周的郊外，声讨二周国君的罪过，占领三川之地。周国知道没有人援救它，定会献上九鼎等宝物。我们占有了九鼎，并掌握地图和户籍等档案，就可以挟持周天子，号令诸侯，天下没有谁敢不服从，王业就成功了。现在的蜀国只不过是西部偏僻的小国和戎狄部落的首领，损兵费力得不到称王称霸的名声，得到它的地盘也没有多大的好处。我听说：‘争名要到朝廷上去，争利要到市场上去。’如今的三川、周室，正是天下的市场和朝廷，大王不去争夺它们，反而去争夺落后的地区，这和建立王业就相去太远了。”

司马错说：“不是这样。要使国家富足，务必扩大领土；要想兵力强大，务必使人民富有；要想建立王业，务必广施恩德。具备这三个条件，王业自然会随之而来。现在大王地小民贫，所以我希望从容易的地方着手。那蜀国确实是西方偏僻的小国和落后部族的首领，它恰好有夏桀、商纣那样的内乱，让秦国去攻打它，就好像用豺狼去追逐群羊一样容易。攻取它的盘，足以扩大疆土；得到它的资源，就可以使我们的百姓富裕，这一仗不会伤亡多少人，它就已经降服了。这样，我们攻下一国，天下的人不会认为我们残暴；获取西方的财富，诸侯不会认为我们贪婪。我们这是一举而名利双收，能得到除暴止乱的好名声。如今去攻打韩国，胁迫天子，胁迫天子会背上坏名，而且未必能得到什么好处，又会落个不义的坏名声，攻打普天下都不赞成攻打的国家，这是很危险的。请让我申诉一下理由吧：周是天下共尊的王室，齐是韩、周的同盟国。周国知道自己将失去九鼎，韩国知道自己将丢掉三川，它们两国就会齐心合力，通过齐、赵两国的疏通，让楚国和魏国不再以它们为敌。周把九鼎送给楚国，韩把土地送给魏国，大王是没法禁止的，这就是我说攻打韩、周存在危险的理由，不如攻打蜀国可保万全。”

秦惠王说：“好，我听你的。”秦终于起兵攻蜀，当年十月就拿下它，控制了蜀国的局势。蜀国君主改王号为侯，秦派去陈庄作蜀侯的国相。蜀国既已归附，秦国更加强大和富庶，瞧不起东方各国诸侯。

扩展阅读

（刘备访诸葛亮于草庐之中，问以当世之事，亮答曰）益州险塞[①]，沃野千里，天府之土，高祖因之以成帝业[②]。……若跨有荆[③]、益，保其岩阻[④]，西和诸戎，南抚夷、越[⑤]，外结好孙权[⑥]，内修政理，天下有变，则命一上将将荆州之军以向宛、洛[⑦]，将军身率益州之众出于秦川[⑧]，百姓孰敢不箪食壶浆以迎将军者乎？诚如是，则霸业可成，汉室可兴矣。

（《三国志·蜀书·诸葛亮传》）

【注释】

①益州：汉代行政区划，十三州之一。主要包括今四川、贵州二省及陕西南部汉中一带及云南东北部。

②高祖：刘邦（前256—前195），西汉王朝的建立者。

③荆：汉代行政区划，十三州之一。主要包括今湖南全省及湖北南半部。

④岩：险要、险峻。

⑤夷、越：指分布在今四川南部及云南、贵州的少数民族。

⑥孙权（182—252）：三国时，吴开国皇帝。

⑦宛、洛：地名。宛，今河南南阳。洛，今河南洛阳。

⑧秦川：泛指今陕西、甘肃秦岭以北渭水平原。

【译文】

（刘备到草庐之中拜访诸葛亮，向他问询当世的大事，诸葛亮回答说）益州地势险要，肥沃的土地纵横千里，号称天府之地，我朝高祖依靠它成就了帝业。……如果跨有荆、益两州，凭借它的险阻，西边与戎族联和，南边安抚夷、越等族，对外和孙权搞好关系，对内整顿政治，一旦天下有什么变故，就派出一员上将，率领荆州的部队杀向宛、洛，将军你亲率益州的军队从秦川杀向中原，百姓有谁敢不拿上食物和饮水来迎接将军呢？真像这样，霸业就可宣告完成，汉室也就可以复兴了。

点评

要实现宏伟目标，不可能一蹴而就，先要有一个切实可行的近期计划，也就是一般所说的长计划、短安排。宏伟目标是远景，近期规划是目前任务，这两者并不矛盾，而是相辅相成的。做好目前的事，将为实现最终的战略目标打好基础。

秦惠王和刘备的长远目标都是要夺取中原，称王称霸，但司马错、诸葛亮却都提出了首先取蜀的方案，而秦惠王和刘备也分别正确地采纳了他们的建议。看来，他们君臣们都对取蜀和王业的关系，深深地有会于心。也就是说，他们很懂得大处着眼、小处着手的道理。

司马错和诸葛亮的攻蜀方案，给了我们有益的启示。古代政治家高瞻远瞩的教言，值得我们用心去领会。

范雎以远交近攻说秦王

范雎至秦[①]，王庭迎[②]，谓范雎曰：“寡人宜以身受命久矣，（今者）〔会〕义渠之事急[③]，寡人日自请太后。今义渠之事已，寡人乃得以身受命。躬窃闵然不敏[④]，敬执宾主之礼。”范雎辞让。是日见范雎，见者无不变色易容者。秦王屏左右[⑤]，宫中虚无人。秦王跪而请曰[⑥]：“先生何以幸教寡人[⑦]？”……

范雎曰：“大王之国北有甘泉、谷口[⑧]，南带泾、渭[⑨]，右陇、蜀[⑩]，左（关）〔商〕阪[⑪]；战车千乘，奋击百万。以秦卒之勇，车骑之多，以当诸侯，譬若驰韩卢[⑫]而逐蹇兔也，霸王之业可致。今反闭〔关〕而不敢窥兵于山东者，是穰侯为国谋不忠[⑬]，而大王之计有所失也。”

王曰：“愿闻所失计。”雎曰：“大王越韩、魏而攻强齐，非计也。少出师则不足以伤齐，多之则害于秦。臣意王之计[⑭]，欲少出师而悉韩、魏之兵，则不义矣[⑮]。今见与国之（不）可亲[⑯]，越人之国而攻，可乎？疏于计矣！昔者，齐人伐楚[⑰]，战胜，破军杀将，再辟千里，肤寸之地无得者，岂齐不欲地哉，形弗能有也。诸侯见齐之罢露[18]，君臣之不亲，举兵而伐之，主辱军破，为天下笑。所以然者，以其伐楚而肥韩、魏也。此所谓藉贼兵而赍盗食者也[19]。王不如远交而近攻，得寸则王之寸，得尺亦王之尺也。今舍此而远攻，不亦缪乎！”……王曰：“善。”

（《秦策三》）

【注释】

①范雎（？—前255）：战国时魏人，字叔，著名辩士，因得罪魏相魏齐，受笞几乎死去，后被郑安平所救，改名张禄，由秦国使者秘密带入秦国，说秦昭王，任秦相，后封应侯。

②王：指秦昭王，名稷，前306—前251年在位。

③义渠：羌族所建立的小国，在今甘肃庆阳一带。

④闵然：昏昧的样子。

⑤屏（bǐng）：排除。

⑥跪：古人席地而坐，坐时臀部压在脚跟上。跪是谈话时为了表示敬意，就抬起臀部，挺直大腿。

⑦幸：敬词。

⑧甘泉：山名，在今陕西淳化西北。　谷口：地名，当泾水

出山的口子，在今陕西礼泉东北。

⑨泾、渭：二水名，在今陕西中部。

⑩陇：陇山，在今陕西陇县西北。

⑪关阪："关"当作"商"。商阪，今陕南商县境内的商洛山。

⑫韩卢：韩国出产的著名猛犬。

⑬穰（ráng）侯：名魏冉，战国时楚国人，秦昭王母宣太后异父弟。昭王年少，宣太后掌权，被任为相。封于穰（今河南邓县），号穰侯。

⑭意：猜想。

⑮不义：不宜。

⑯与国：同盟国，即韩、魏。

⑰齐人伐楚：前 286 年，齐灭宋，接着攻占了楚的淮北地区。

⑱罢（pí）露：人力物力受到消耗。罢，通"疲"。

⑲藉：同"借"。赍（jī）：把东西送人。

【译文】

范雎来到秦国，秦王在宫殿前的庭院里迎接他。秦王对他说："我早就该亲自聆听你的教诲了，恰好碰上要处理义渠的问题，我每天都得向太后请示。现在义渠的事已经办完，我这才有机会亲自接受你的教导。我深感自己行动迟缓，没有及时接见，请让我现在恭行宾主之礼吧！"范雎表示谦让。这天在场见此情景的人，脸上无不表现出感动的神情。秦王让身旁的人退下，宫中已没有旁人。秦王挺直腰腿，诚恳地向范雎请教说："先生将会怎样来指教我呢？"……

范雎说："大王的国家北有要塞甘泉、谷口，南有泾、渭两水环绕，西有险峻的陇、蜀山地，东边有险要的商洛山；拥有战车千辆，精兵百万。凭着秦兵的勇敢，车马的众多，以这样的实力去对付诸侯，就像是用良犬去追逐跛足的兔子一样，霸王之业真是手到擒来。现在反而闭起关门，不敢向东方诸国用兵，这都怪穰侯没有忠心地为国家出谋划策，而大王的决策也有所失误啊！”

昭王说：“我很想知道究竟错在哪里？”范雎说：“大王越过韩、魏去攻打强大的齐国，这不是好办法。你派出的军队少了，就不能打败齐国；多派军队，又会对秦国有损。我估计大王想少派军队，而让韩、魏两国投入全部军力，但这是不恰当的。如今片面认为盟国韩、魏可靠，越过它们去攻齐，能行吗？这是谋划不周啊！从前，齐国人去攻打楚国，取得胜利，打败楚军，杀掉楚国将领，再次开拓土地上千里，但最后齐国却连分寸土地都没有得到，哪里是齐国不想要土地，而是形势不允许啊！诸侯看到齐国军队疲劳，君臣又不团结，于是兴兵攻打齐国，齐王蒙羞，部队瓦解，被天下人所耻笑。其所以会这样，是因为攻打楚国实际上反而壮大了韩、魏的势力。这就是人们常说的把武器借给强盗，把粮食送给小偷啊！我认为大王不如与远方国家结盟而攻打邻近的国家，这样，得寸土就是大王的寸土，得尺地就是大王的尺地，现在不采用这个策略而去攻打远方的国家，不是犯了严重的错误吗？”……昭王说：“你说得对。”

扩展阅读

昭王得范雎，废穰侯，逐华阳[①]，强公室，杜私门，蚕食诸侯，使秦成帝业。

（《史记·李斯列传》）

【注释】

①华阳：即华阳君，芈（mǐ）姓，名戎，秦昭王母宣太后异母弟。

【译文】

秦昭王得到范雎为臣，废黜舅舅穰侯，赶走舅舅华阳君，加强王室的力量，压制私家的势力，逐步蚕食诸侯，使秦成就称帝的事业。

点评

范雎为秦国提供了一个逐步发展壮大自己，并最终夺取天下的策略，即“远交近攻”。

在范雎到来之前，因地理位置的关系，秦国也自发地在实行远交近攻的办法。由于是自发的，所以有时就会偏离方向，出现挫折。自范雎强调远交近攻后，秦国从此有了指导方针，方向明确，步步为营，最终完成统一的伟业。

在远交近攻策略制定和实行的过程中，我们可以看到自发执行和自觉执行的效果完全两样。因此，我们做事情如果没有明确的目标，效果将会受到很大影响。如果确立了正确的信念，则自身的潜力将会极大地激发出来，成功的机率定会大大增加。

或说秦王毋恃强而骄

谓秦王曰[①]："臣窃惑王之轻齐、易楚，而卑畜韩也[②]。臣闻王兵胜而不骄，伯主约而不忿[③]。胜而不骄，故能服世；约而不忿，故能从邻。今王广德魏、赵而轻失齐，骄也；战胜宜阳[④]，不恤楚交[⑤]，忿也。骄忿非伯主之业也，臣窃为大王虑之而不取也。

"《诗》云：'靡不有初，鲜克有终[⑥]。'故先王之所重者，唯始与终。何以知其然？昔智伯瑶残范、中行[⑦]，围逼晋阳[⑧]，卒为三家笑[⑨]；吴王夫差栖越于会稽[⑩]，胜齐于艾陵[⑪]，为黄池之遇[⑫]，无礼于宋[⑬]，遂与勾践禽[⑭]，死于干隧[⑮]；梁君伐楚、胜齐[⑯]，制赵、韩之兵，驱十二诸侯以朝天子于孟津[⑰]，后子死，身布冠而拘于（秦）〔齐〕[⑱]。三者非无功也，能始而不能终也。

"今王破宜阳，残三川[⑲]，而使天下之士不敢言，雍天下之国[⑳]，徙两周之疆，而世主不敢交[㉑]；（阴侯之塞）〔塞阳侯〕[㉒]，取黄棘[㉓]，而韩、楚之兵不敢进。王若能为此尾[㉔]，则三王不足四，五伯不足六；王若不能为此尾，而有后患，则臣恐诸侯之君，河、济之士[25]，以王为吴、智之事也[26]。

“《诗》云[27]：‘行百里者，半于九十。’此言末路之难。今大王皆有骄色，以臣之心观之，天下之事，依世主之心，非楚受兵，必秦也。何以知其然也？秦人援魏以拒楚，楚人援韩以拒秦，四国之兵敌而未能复战也[28]，齐、宋在绳墨之外以为权[29]，故曰先得齐、宋者（伐秦）〔成〕。秦先得齐、宋则韩氏铄[30]，韩氏铄，则楚孤而受兵也。楚先得（齐）〔之〕则魏氏铄，魏氏铄，则秦孤而受兵矣。若随此计而行之，则两国者必为天下笑矣。”

（《秦策五》）

【注释】

①秦王：秦武王（前326—前307），名荡，秦惠王之子，前310—前307年在位。

②卑：贬低。 畜（xù）：畜养。

③伯（bà）：通“霸”。 忿：怨恨。

④宜阳：见第9页注⑦。

⑤恤（xù）：忧虑。

⑥“《诗》云”句：《诗》，指《诗经》，引文见《大雅·荡》。

⑦智伯瑶：一作知伯（？—前453），春秋末期人，晋国六卿之一。前458年，灭六卿中的范氏、中行氏。

⑧晋阳：赵氏都城，在今山西太原西南。

⑨三家：指韩、赵、魏。

⑩吴王夫差：春秋吴国国君，前495—前473年在位。 栖：使……居住于。 越：指越王勾践。 会（kuài）稽：山名，在今浙江境内。

⑪艾陵：在今山东莱芜东北。

⑫黄池：在今河南封丘西南。

⑬无礼于宋：吴王杀掉宋国大夫，囚禁宋国妇女。

⑭与：又作“为”。 勾践：春秋末越国国君，前497—前465年在位。 禽：通“擒”。

⑮干隧：在今江苏苏州西北。

⑯梁君：梁惠王，名䓨（yīng），前369—前319年在位。

⑰十二诸侯：又称泗上十二诸侯，分布在泗水流域的一些小国家。 孟津：在今河南孟津东北。

⑱拘：扣押。

⑲三川：见第9页注②。

⑳雍：通“壅”。

㉑世主：诸侯。

㉒阳侯：要塞名，在今山东沂水南。

㉓黄棘：在今河南新野东北。

㉔尾：终，完成。

㉕河、济：黄河和济水，泛指中原地区。

㉖吴：吴王夫差。 智：智伯瑶。

㉗《诗》云：“诗”当作“语”，指相传的古语。

㉘敌：力量相当。

㉙绳墨：木工打直线的墨线，比喻规矩或法度。

㉚铄（shuò）：削弱。

【译文】

有人对秦王说：“我感到不解的是，大王为什么要轻视齐、楚而小看韩国。我听说，王者战胜而不骄傲，霸君主持盟约而不急躁，战胜而不骄傲，所以能使诸侯悦服，主盟而不急躁，所以能使盟国顺从。如今大王重视拉拢魏、赵，把失去齐国交谊不放在心上，这就是因为骄傲之故。攻克宜阳，不顾楚国的交谊，这就是盛气凌人。骄傲和放肆不是王者和霸主所应有的风范，我私下为大王考虑，这种做法是不可取的。

“《诗经》上说：‘开头都很好，但少有保持到最后的。’所以先王看重的就是有始有终。为什么知道是这样呢？从前智伯瑶灭掉范氏、中行氏，围攻晋阳，但终于失败，被韩、赵、魏三家所笑。吴王夫差迫使越王退守会稽山，在艾陵战胜齐国，召集黄池盟会，对宋国没有礼貌，终被勾践制服，死在干隧。梁惠王攻打楚国，战胜齐国，控制韩、赵的军力，带领泗上十二诸侯，在孟津朝见周天子，但后来太子申战死，只好戴上布冠对齐国屈服。上述三人不是没有战功，但都只有好的开头而不能善终啊！

“现在大王占领宜阳，横扫三川，使天下的人不敢开口议论；切断诸侯的联系，缩小了两周的疆土，使诸侯不敢交往。堵塞阳侯隘口，夺取黄棘，而楚、韩的部队不敢前进。大王如果能贯彻到底，就能建立称王称霸的大业。大王如果不能善始善终，就会有灭亡的祸患，我担心各国的君主和知名人士会使大王步吴王夫差和智伯瑶的后尘。

“古语说：‘百里的路程，九十里只算到了一半。’这是说走完最后一程的困难。现在大王频频表现出骄傲的情绪，以我的愚见看来，天下的事情，照诸侯的想法，不是攻楚，便是攻秦。为什么知道会是这样呢？秦国援助魏国以抗御楚国，楚国援助韩国以抗御秦国，四国的兵力相当，不敢再轻易开战，齐、宋置身事外，举足轻重。所以说，先取得齐、宋支持的就会成功。秦先拉拢齐、宋，韩国就会被削弱，韩国削弱了，楚国就会孤立而受到攻击。楚先拉拢齐、宋，魏国就会被削弱，魏国削弱了，秦国就会孤立而受到攻击。如果按照这个办法去做，秦、楚两国定会成为天下的笑柄了。”

扩展阅读

子曰：“如有周公之才之美[①]，使骄且吝，其余不足观也已。”

（《论语·泰伯》）

【注释】

①周公：姬姓，名旦，西周初年政治家。周文王子，武王弟，辅佐武王、成王，制礼作乐，奠定了西周统治的基础。

【译文】

孔子说：“即使像周公那样的多才多艺，要是骄傲而吝啬，别的方面也就不值一看了。”

点评

有的人常犯自视过高的毛病，工作中刚有了一点成绩，就沾沾自喜，自以为了不起。还有一种人，不学无术，却目空一切，攻击这个，指责那个，结果受到四面八方的谴责。

谦虚使人进步，骄傲使人落后。要想在学习上、工作上有所成就，先要从不自满开始。

甘罗说张唐相燕

文信侯欲攻赵以广河间[①]，使刚成君蔡泽事燕[②]，三年，而燕太子质于秦[③]。文信侯因请张唐相燕[④]，欲与燕共伐赵，以广河间之地。张唐辞曰："〔之〕燕者必径于赵[⑤]，赵人得唐者，受百里之地。"文信侯去而不快[⑥]。少庶子甘罗曰[⑦]："君侯何不快甚也[⑧]？"文信侯曰："吾令刚成君蔡泽事燕三年，而燕太子已入质矣。今吾自请张卿相燕而不肯行。"甘罗曰："臣〔请〕行之。"文信（君）〔侯〕叱去，曰："我自行之而不肯，汝安能行之也？"甘罗曰："夫项橐生七岁而为孔子师[⑨]，今臣生十二岁于兹矣，君其试臣，奚以遽言叱也[⑩]！"

甘罗见张唐曰："卿之功孰与武安君[⑪]？"唐曰："武安君战胜攻取，不知其数，攻城堕邑[⑫]，不知其数。臣之功不如武安君也。"甘罗曰："卿明知功之不如武安君欤？"曰："知之。""应侯之用秦也[⑬]，孰与文信侯专[⑭]？"曰："应侯不如文信侯专。"曰："卿明知为不如文信侯专欤？"曰："知之。"甘罗曰："应侯欲伐赵，武安君难之[⑮]，去咸阳七里[16]，绞而杀之。今文信侯自请卿相燕，而卿不肯行，臣不知卿所死之处矣。”唐曰：“请因孺子而行[17]。”令库具车[18]，厩具马，府具币[19]，行有日矣。甘罗谓文信侯曰：“借臣车五乘，请为张唐先报赵。”

见赵王[20]，赵王郊迎。谓赵王曰：“闻燕太子丹之入秦与?”曰：“闻之。”“闻张唐之相燕与?”曰：“闻之。”燕太子丹入秦者，燕不欺秦也。张唐相燕者，秦不欺燕也。秦、燕不相欺，则（伐）〔代〕赵危矣[21]。燕、秦所以不相欺者，无异故，欲攻赵而广河间也。今王赍臣五城以广河间，请归燕太子，与强赵攻弱燕。”赵王立割五城以广河间，归燕太子。赵攻燕，得上谷三十六县[22]，与秦什一[23]。

（《秦策五》）

【注释】

①文信侯：秦相吕不韦（？—前 235），战国末卫国濮阳（今河南濮阳西南）人。　河间：在今河北献县东南，吕

不韦封地。

②蔡泽：燕人，入秦代范雎为相。

③燕太子：燕王喜的太子，名丹。

④张唐：秦将军。

⑤径：经过。

⑥快：快乐。

⑦少庶子甘罗：吕不韦的家臣。甘罗，战国时楚国下蔡（今安徽凤台）人，秦大臣甘茂孙。

⑧君侯：古代对列侯的尊称。

⑨项櫜：传说中的聪明儿童。　孔子：前551—前479年在世，儒家学派的创始者，春秋时鲁国陬邑（今山东曲阜东南）人。

⑩奚以：为什么。　遽：匆忙。

⑪武安君：秦名将白起。

⑫堕（huī）：同“隳”，毁坏。

⑬应侯：即范雎。

⑭专：专断。

⑮难（nàn）：责备。

⑯咸阳：秦都，今陕西咸阳市东北。

⑰孺子：童子，指甘罗。

⑱具：准备。

⑲币：礼物。

⑳赵王：赵悼襄王。

㉑代赵：指赵国。代本古国，被赵吞并。

㉒上谷：郡名，今河北怀来一带。

㉓什一：十分之一。

【译文】

文信侯吕不韦想攻打赵国，以扩大他在河间的封地，他派刚成君蔡泽到燕国工作，三年后，燕太子丹就到秦国做了人质。文信侯因而请张唐到燕国做相，想和燕国共同伐赵，以扩大河间的封地。张唐推辞说：“到燕国去，一定要取道赵国，赵人抓到我的，会得到百里之地的赏赐。”文信侯很不高兴地离开了。少庶子甘罗说：“君侯为什么那样地不高兴呢?”文信侯说：“我派刚成君蔡泽到燕国工作了三年，而燕太子丹已经到秦国做人质了。现在我亲自请张卿去担任燕相，他却不肯去。”甘罗说：“我能让他动身。”文信侯呵斥他离开道：“我亲自叫他走他都不肯，你怎么能叫他动身呢?”甘罗说：“项橐才长到七岁，就做了孔子的老师，如今我已经十二岁了，你就让我试一下，为什么轻易就进行呵斥呢!”

甘罗去见张唐道：“你的功劳和武安君相比怎么样?”张唐说：“武安君屡战屡胜，攻下城邑不计其数，我的功劳比不上他。”甘罗说：“你确实知道功劳比不上武安君吗?”答说：“知道。”又问：“应侯在秦国执政，和文信侯相比，谁的权势更重?”答说：“应侯比不上文信侯的权势重。”问：“你确实知道是比不上文信侯的权势重吗?”答说：“知道。”甘罗说：“应侯想攻打赵国，武安君认为有困难而不肯接受任务，结果在被逐出咸阳七里处，绞刑处死。如今文信侯亲自请你到燕国做相，而你不肯动身，我不知道你会死在哪里了。”张唐说：“请你转告文信侯，我愿意前往。”就叫准备车马和礼物，定下了行期。甘罗就对文信侯说：“请借给我五辆车子，我请先去通报赵王一声。”

甘罗去见赵王，赵王到城外迎接。甘罗对赵王说：“你听到燕太子丹进入秦国的消息了吗?”答说：“听说了。”问：“你听说张唐到燕国做相的事了吗?”答说：“听说了。”甘罗说：“燕派太子丹到秦国做人质，表明燕国不欺骗秦国。秦派张唐到燕国做相，表明秦国不欺骗燕国。秦、燕互不欺骗，赵国就危险了。燕、秦两国所以互不欺骗，没有别的原因，就是想攻打赵国，扩大河间的地盘。如今大王割给我五城，以扩大河间的地盘。我将请秦遣燕太子归国，秦、燕断交后，再转而和强赵攻打弱燕。”赵王立刻割五城给秦，以扩大河间的地盘，燕太子丹回燕国。赵国发兵攻燕，取得上谷郡三十六县，给了秦国十分之一。

扩展阅读

甘罗还报，秦乃封甘罗以为上卿①，复以始甘茂田宅赐之②。太史公曰③：……甘罗年少，然出一奇计，声称后世，虽非笃行之君子，然亦战国之策士也。

（《史记·樗里子甘茂列传》）

【注释】

①上卿：最尊贵的爵位。

②甘茂：战国时下蔡（今安徽凤台）人。甘罗的祖父，曾任秦相。

③太史公：《史记》的作者司马迁，字子长，西汉阳夏（今陕西韩城）人。《史记》各篇的末尾有一段评论的话，都用“太史公曰”的形式来表述。

【译文】

甘罗回到秦国，报告出使结果。秦王就封他做上卿，重新把他祖父甘茂的土地和宅子赐给他。太史公说：……甘罗年纪轻轻，但提出一个妙计，就使名声留传后世，虽然算不上厚道的君子，但也可算是战国时善于出谋划策的人啊。

点 评

青年是早晨八九点钟的太阳，是祖国未来的希望所寄。青年人只要努力学习，奋发向上，定会超过上一辈，是可以大有作为的。

青年人披荆斩棘，无所畏惧，有一股凌厉无前的冲劲。许多人年龄不大，就已经崭露头角，出人头地。项橐七岁便做了圣人孔子的老师。甘罗十二岁为秦廷出使，不辱君命。项羽起兵抗秦，只有二十四岁。汉武帝时，十二岁的终军，请长缨系南越王。诸葛亮在赤壁大破曹操，只有二十七岁，和他联合作战的吴军都督周瑜，也不过三十岁。唐太宗李世民十八岁起兵，二十四岁平定天下。中唐诗人李贺，七岁时作《高轩过》一篇，使大名鼎鼎的韩愈惊服。明太祖朱元璋投身抗元斗争，只有二十五岁，他手下的将领也多半是年青人。

这些历史上的例子，足以激发我们的自信心、自豪感，鼓舞我们勇于斗争，敢于胜利。

齐人谏靖郭君城薛

靖郭君将城薛①，客多以谏②。靖郭君谓谒者无为客通③。齐人有请者曰："臣请三言而已矣④，益一言，臣请烹！"靖郭君因见之。客趋而进曰："海大鱼。"因反走⑤。君曰："客有于此。"客曰："鄙臣不敢以死为戏。"君曰："亡⑥，更言之。"对曰："君不闻〔海〕大鱼乎？网不能止⑦，钩不能牵⑧，荡而失水，则蝼蚁得意焉。今夫齐，亦君之水也。君长有齐阴⑨，奚以薛为！（夫）〔失〕齐，虽隆薛之城到于天，犹之无益也。"君曰："善。"乃辍城薛⑩。

（《齐策一》）

【注释】

①靖郭君：齐国大臣田婴，靖郭君是他的封号。　薛：靖郭君的封邑，在今山东滕州南。

②谏：规劝尊长，使改正错误。

③谒者：靖郭君手下管传达的小吏。

④三言：三个字。

⑤反：通"返"。

⑥亡：通"无"。

⑦止：阻拦。

⑧牵：钩住。
⑨阴（yìn）：同“荫”，庇护。
⑩辍：停止。

【译文】

靖郭君将要修筑薛城，许多门客都来劝阻。靖郭君对传达员说，不要给门客通报。有一位齐国门客要求接见，说：“我只说三个字就行了，多说一个字，就愿受烹煮之刑。”靖郭君于是接见他。门客就急步走到靖郭君面前说：“海大鱼。”说了转身就走。靖郭君说：“你可留下把话说完。”门客说：“我不敢用性命来开玩笑。”靖郭君说：“我不怪罪你，请继续说吧。”门客说：“你没有听说过海大鱼吗？网打不上，钩钓不到，一旦离开了水，蚂蚁都可以戏弄它。如今齐国就像是您的水。您有齐国为您遮风挡雨，拿薛来干什么呢！失去齐国，就算把薛的城墙筑到天那样高，仍然是没有用处的啊！”靖郭君说：“你说得对。”就停止修筑薛的城墙。

扩展阅读

滕文公问曰[①]：“齐人将筑薛，吾甚恐，如之何则可？”孟子对曰[②]：“昔者大王居邠[③]，狄人侵之[④]，去之岐山之下居焉[⑤]。非择而取之，不得已也。……君如彼何哉，强为善而已矣。”

（《孟子·梁惠王下》）

【注释】

①滕文公：滕国的国君。滕，小国，在今山东滕州西南。
②孟子：名轲，邹国（今山东邹县）人，战国时儒家学派的大师。
③大王：周族的首领古公亶（dǎn）父，周朝建立后，被追

尊为太王。大，同“太”。　邠（bīn）：地名，在今陕西旬邑西。

④狄人：古代北方的少数民族。

⑤岐山：在今陕西岐山东北。

【译文】

滕文公问道：“齐人准备修筑薛地的城墙，我非常害怕，怎么办才好？”孟子回答说：“从前太王住在邠地，遇着狄人来犯，他便避开，迁到岐山脚下定居。这不是太王经过选择而决定下来，是不得已啊。……你对齐人有什么办法呢？只有尽力实行仁政罢了。”

点评

靖郭君打算加强薛地的城防工事，引起邻国震恐，身边反对的人也不少。靖郭君最初不想听反对意见，后经一位门客用“海大鱼”的巧妙比喻，说服他放弃了原来的想法。

我们做一件事情，如果有反对意见，不妨听听不同的声音，看是否说得在理。说得对，应加采纳，显得度量恢弘；说得不对，可以辩驳。经过反复讨论，正确的决策自然会呈现出来。

段干纶说齐王救赵

邯郸之难[①]，赵求救于齐。田侯召大臣而谋曰[②]：“救赵孰与勿救[③]？”邹子曰[④]：“不如勿救。”段干纶曰[⑤]：“弗救，则我不利。”田侯曰：“何哉？”“夫魏氏兼邯郸，其于齐何利哉？”田侯曰：“善。”乃起兵，曰：“军于邯郸之郊[⑥]。”段干纶曰：“臣之求利且不利者[⑦]，非此也。夫救邯郸，军于其郊，是赵不拔而魏全也。故不如南攻襄陵以弊魏[⑧]，邯郸拔而承魏之弊[⑨]，是赵破而魏弱也。”田侯曰：“善。”乃起兵南攻襄陵。七月，邯郸拔。齐因乘魏之弊，大破之桂陵[⑩]。

（《齐策一》）

【注释】

①邯（hán）郸之难：指赵都受到魏军的攻打。邯郸，赵都，在今河北邯郸西南。

②田侯：战国时齐国国君，即齐威王，名因齐，前356—前320年在位。

③孰与：与……比，怎样？

④邹子：即邹忌，齐威王大臣，他做齐相，被封在下邳（pī），称为成侯。

⑤段干纶：齐臣。

⑥军：驻扎。

⑦臣之求利且不利："之求"当作"言救"。且，抑或。

⑧襄陵：魏邑，在今河南睢县西。

⑨承：通"乘"。

⑩桂陵：齐地，在今河南长垣北。

【译文】

赵都邯郸被魏军包围，赵国向齐国求救。齐威王召集大臣们商议道："救赵还是不救？"邹忌说："不如不去救。"段干纶说："不去救会对我国不利。"齐威王说："为什么呢？"答说："让魏国攻下邯郸，这对齐国有什么好处呢？"齐威王说："好。"于是派兵，说："大军驻扎在邯郸城外。"段干纶说："我所说的利或不利，不是指这样办。援救邯郸，而驻军在它的城外，会是赵都不被攻下而魏国兵力无损的局面。所以说不如向南攻打襄陵，使魏军疲敝。邯郸被攻下而魏军疲敝，将使赵国残破而魏国削弱。"齐威王说："好。"就派兵南下攻打襄陵。这年的七月，邯郸失守。齐军乘魏军疲敝之机，在桂陵把它打得大败。

扩展阅读

魏伐赵，赵急，请救于齐。齐威王……以田忌为将而孙子为师[①]，居辎车中[②]，坐为计谋。田忌欲引兵之赵。孙子曰："……今梁赵相攻[③]，轻兵锐卒必竭于外，老弱疲于内。君不若引兵疾走大梁[④]，据其街路，冲其方虚，彼必释赵而自救。是我一举解赵之围，而收獘于魏也。"田忌从之。魏果去邯郸，与齐战于桂陵，大破梁军。

（《史记·孙子吴起列传》）

【注释】

①田忌：战国初齐国名将。　孙子：指孙膑，战国时齐国阿（今山东阳谷东北）人。曾与庞涓同学兵法。庞涓为魏将军，骗孙膑入魏，刖其足，黥其面。后齐国使者至魏，把他秘密救出。

②辎车：有帷幕的车。

③梁：即赵国。魏国迁都大梁后，又名梁国。

④大梁：魏都，在今河南开封西北。

【译文】

魏军攻赵，赵国危急，向齐国求救。齐威王……用田忌为将，孙膑做军师，在辎车中，坐着出谋划策。田忌准备领兵往赵。孙膑说："……如今魏国攻赵，精锐部队都派出去了，留下的老弱军队疲敝不堪。您不如向大梁急行军，控制要道，攻击空虚的地方，魏军必然撤军回救。我们就可一举解去赵都的包围，击败疲敝的魏军。"田忌采纳了他的意见。魏军果然从邯郸撤走，和齐军在桂陵发生战斗，齐军大破魏军。

点评

发生在公元前354年的桂陵之战，是在齐威王、段干纶的决策下，在田忌、孙膑的指挥下，对魏作战所取得的一次重大胜利。

"围魏救赵"一役，成了经典战例，被载入许多兵法书中。它的指导思想是攻其所必救，以达到趋利避害、机动歼敌的目的。

魏军素称骁勇，看不起齐军。面对凶猛的强敌，齐军利用赵、魏相争、互相消耗的机会牵着敌人的鼻子走，使对方疲于奔命，被动挨打。在魏军的归途中实施截击，在桂陵选好阵地，等候魏军到来，然后一举歼敌。

邹忌讽齐王纳谏

邹忌修八尺有余[①]，身体昳丽[②]，朝服衣冠，窥镜，谓其妻曰："我孰与城北徐公美？"其妻曰："君美甚。徐公何能及君也！"城北徐公，齐国之美丽者也。忌不自信，而复问其妾曰："吾孰与城北徐公美？"妾曰："徐公何能及君也！"旦日，客从外来，与坐谈，问之客曰："吾与徐公孰美？"客曰："徐公不若君之美也！"

明日，徐公来，孰视之[③]，自以为不如；窥镜而自视，又弗如远甚。暮寝而思之，曰："吾妻之美我者，私我也[④]；妾之美我者，畏我也；客之美

我者，欲有求于我也。”

于是入朝见威王曰：“臣诚知不如徐公美，臣之妻私臣，臣之妾畏臣，臣之客欲有求于臣，皆以美于徐公。今齐地方千里，百二十城。宫妇左右，莫不私王；朝廷之臣，莫不畏王；四境之内，莫不有求于王。由此观之，王之蔽甚矣[⑤]！”王曰：“善。”乃下令：“群臣吏民能面刺寡人之过者[⑥]，受上赏！上书谏寡人者，受中赏！能谤议于市朝[⑦]，闻寡人之耳者，受下赏！”

令初下，群臣进谏，门庭若市；数月之后，时时而间进[⑧]；期年之后[⑨]，虽欲言，无可进者。燕、赵、韩、魏闻之，皆朝于齐。此所谓战胜于朝廷。

（《齐策一》）

【注释】

①修八尺有余：约1.70米的个子。修，长。尺，指周尺，一尺约为20厘米。

②昳（yì）丽：光艳美丽。
③孰：同“熟”，仔细。
④私：偏爱。
⑤蔽：受蒙蔽。
⑥面刺：当面指责。
⑦谤议：批评议论。　市朝：人众会集的公共场所。
⑧间（jiàn）进：断断续续地进谏。
⑨期（jī）年：一周年。

【译文】

邹忌身高八尺有余，容貌光彩照人，一天早晨，他穿戴好衣冠，看着镜子，对他的妻子说：“你看我和城北徐公比起来，谁更漂亮？”他的妻子说：“您漂亮极了。徐公怎么比得上您呢！”城北徐公是齐国有名的美男子，邹忌不相信会是这样，又问他的小妾道：“我漂亮还是徐公漂亮？”小妾说：“徐公哪能比得上您呢！”第二天，来了一位客人，邹忌和他谈话时又问：“我和徐公相比，谁更漂亮？”客人说：“徐公比不上您漂亮啊！”

又隔一天，徐公来了。邹忌仔细端详他，觉得自己比不上；对着镜子看自己，更觉得比徐公差得很远。夜里，睡在床上反复考虑这件事，醒悟道：“我的妻子说我漂亮，是因为她偏爱我啊！小妾说我漂亮，是因为她害怕我啊！客人说我漂亮，是因为他有求于我啊！”

于是，邹忌上朝对齐威王说：“我自知确实不如徐公漂亮，我的妻子偏爱我，我的小妾害怕我，我的客人有求于我，都说我比徐公漂亮。如今齐国的土地纵横千里，有一百二十座城池，大王宫中的后妃和身边的侍从没有不偏爱大王的，朝廷里的群臣没有不害怕大王的，国内的百姓没有不想向大王求助的。这样看来，大王所受的蒙蔽真是非常厉害啊！”齐威王说：“说得对。”于是就颁布了一道命令：“无论朝廷群臣、小吏或百姓，凡是能当面指责我的过错的，受上等奖赏！能上奏章规劝我的，受中等奖赏！能在公众场合批评议论我，传到我的耳中的，受下等奖赏！”

命令刚颁布，官吏们纷纷前来，提出意见，使宫廷内外像集市一样热闹。几个月后，只是断断续续地有人来提意见。一年以后，就是有人想来进言，也没有什么可说的了。燕、赵、韩、魏等国听到这个情况，都到齐国朝见。这就是人们所说的，通过朝廷上的举措，不需要用兵，就可以战胜别国。

扩展阅读

列精子高听行乎齐湣王[①]，（善）衣东布衣[②]，白缟冠，颡推之履[③]，特会朝（雨）〔而〕袪步堂下[④]，谓其侍者曰：“我何若？”侍者曰：“公姣且丽。”列精子高因步而窥于井，粲然恶丈夫之状也[⑤]。喟然叹曰：“侍者为吾听行于齐王也，夫何阿哉[⑥]！又况于所听行乎！万乘之主，人之阿之亦甚矣，而无所镜，其残亡无日矣。”

（《吕氏春秋·达郁》）

【注释】

①列精子高：战国时的贤人。　听行：德行受人敬重。　齐湣王：又作齐闵王，战国时齐国君主，田氏，名地，前300—前284年在位。

②东布：粗布。

③颡（sǎng）推之履：突头鞋。

④会朝：黎明。　袪（qū）步：漫步。

⑤粲然：清楚明白。

⑥阿：曲意逢迎。

【译文】

齐湣王对列精子高言听计从。一天，列精子高穿着粗布衣服，白绢的素帽，朴素的鞋子，黎明时分在庭院里散步，对他的侍从说："你看我的形象怎么样?"侍者曰："您华贵而动人。"列精子高于是走到井边去自照，明明白白是一个丑男子形象，他长声叹息道："侍从因为齐王对我言听计从，就这样曲意迎合我啊。更何况那听取我意见的齐王呢！拥有万辆战车的君主，众人都对他非常奉承，而没有镜子自照，他灭亡的日子不远了！"

点 评

这里我们所读到的，是同一类型、形象生动的两则寓言。

邹忌的妻妾和客人，列精子高的侍者，出于不同的动机，夸大邹忌、列精子高的美丽，但邹、列两人都能用镜自照，看清自己的庐山真面目，从中悟出深刻的道理。

这两则寓言都非常脍炙人口，它们都是因小见大，由此及彼，从身边的小事推想到国家的前途。它告诉我们，面对不切实际的赞美，不能在一片颂扬声中自我陶醉，而是要分清它们的真伪。人要有自知之明，要善于及时发现自己的不足，广泛听取意见，改正缺点，以免犯严重的错误。

陈轸为齐说昭阳

昭阳为楚伐魏[①]，覆军杀将得八城[②]，移兵而攻齐。陈轸为齐王使[③]，见昭阳，再拜贺战胜，起而问："楚之法，覆军杀将，其官爵何也？"昭阳曰："官为上柱国[④]，爵为上执珪[⑤]。"陈轸曰："异贵于此者何也？"曰："唯令尹耳[⑥]。"陈轸曰："令尹贵矣！王非置两令尹也，臣窃为公譬可也[⑦]。楚有祠者，赐其舍人卮酒[⑧]。舍人相谓曰：'数人饮之不足，一人饮之有余。请画地为蛇，先成者饮酒。'一人蛇先成，引酒且饮之，乃左手持卮，右手画蛇，曰：'吾能为之足。'未成，一人之蛇成，夺其卮曰：'蛇固无足，子安能为之足？'遂饮其酒。为蛇足者，终亡其酒[⑨]。今君相楚而攻魏，破军杀将得八城，不弱兵，欲攻齐，齐畏公甚。公以是为名亦足矣，官之上非可重也[⑩]。战无不胜而不知止者，身且死，爵且后归，犹为蛇足也。"昭阳以为然，解军而去。

（《齐策二》）

【注释】

①昭阳为楚伐魏：这次战役发生在前 323 年。昭阳是楚军主

将，官为大司马，掌管军事大权。

②覆：使……覆没。

③陈轸：齐国人，有名的说客。

④上柱国：即大司马，楚国最高武官。

⑤上执珪：楚国的最高爵位。珪，同"圭"，上尖下长方的贵重玉器。

⑥令尹：楚国最高官职，是军政首脑，地位相当于别国的相。

⑦譬：打比方。

⑧舍人：身边的侍从人员。 卮（zhī）：古代的一种盛酒器，泛指酒杯。

⑨亡：失。

⑩重：增加。

【译文】

昭阳替楚国攻打魏国，击溃魏军，杀掉魏将，夺得八座城池，接着又调动军队去攻打齐国。陈轸受齐王派遣，去见昭阳，他向昭阳拜了两拜，祝贺他打了胜仗，然后起身问道："根据楚国的规定，击溃敌军，杀死敌将，他能得到什么官爵呢?"昭阳说："官可以做上柱国，爵位可以封上执珪。"陈说："比这更尊贵的官爵是什么?"昭阳答道："就只有令尹了。"陈轸说："令尹是最尊贵的了，可是楚王不会设置两个令尹啊！请让我为您打个比方吧。楚国有一个举行祭祀的人，祭毕，赐给他身边的随从一杯酒。这些人商量道：'这点酒几个人不够喝，一个人喝还有剩余。让我们在地上画蛇吧，先画成的人喝酒。'有一个人先画好了，拿起酒杯准备喝。他左手拿着酒杯，右手仍在继续画着，他说：'我还能给蛇添上脚呢。'蛇脚还没有画好，另一个人把蛇画好了，抢过酒杯说：'蛇本没有脚，你怎么能给它添上脚呢！'说着就把酒喝掉了。那个给蛇添上脚的人，终于失去了他应得的酒。如今您辅佐楚国攻打魏国，击溃敌军，杀死敌将，又得了八座城池，兵力没有受到什么损耗，您又想去攻打齐国，齐国非常害怕您。您的威名已经远扬，这很够了。柱国的官位之上再没有什么官职可加了。连战连胜而不知道适可而止的人，将会丧失性命，他的官爵也会留给后来的人，这就像给蛇添上脚一样啊！”昭阳认为陈轸说得对，于是领兵回国。

扩展阅读

维至狄道[①]，大破魏雍州刺吏王经，经众死于洮水者以万计。翼曰[②]：“可止矣，不宜复进，进或毁此大功。”维大怒。〔翼〕曰：“为蛇画足。”

（《三国志·蜀书·张翼传》）

【注释】

①维：三国时蜀军统帅姜维，字伯约，天水郡冀县（今甘肃甘谷东）人。　狄道：今甘肃临洮。

②翼：姜维的部将张翼，字伯恭，犍为郡武阳（今四川彭山东）人。

【译文】

姜维的大军进至狄道，大败魏雍州刺史王经的军队，王经的部下死在洮水中的数以万计。张翼说：“可以停止了，不适合继续前进，前进可能使前功尽弃。”姜维很生气。张翼说：“如果坚持进军，无异乎给蛇画上足啊！”

点评

陈轸游说昭阳的话语中，说了一个为蛇画上足的寓言，这个寓言被提炼成一个著名的成语——“画蛇添足”，流传至今，脍炙人口。

做什么事情，都有一个尺度，要掌握分寸，恰到好处，既不要过分，也不要不及。

比如生火煮饭，火候不到，煮成夹生饭，固然不可取；火力过猛，煮成一锅焦饭，也同样不可取。

干工作应采取的态度是，既不畏缩保守，也不急躁冒进。贪功邀利，节外生枝，往往会把好事办坏。我们必须尊重客观实际，不要单凭想象，别出心裁。

苏秦谏止孟尝君入秦

孟尝君将入秦[①]，止者千数而弗听。苏秦欲止之，孟尝曰："人事者，吾已尽知之矣；吾所未闻者，独鬼事耳。"苏秦曰："臣之来也，固不敢言人事也，固且以鬼事见君。"孟尝君见之。谓孟尝君曰："今者臣来，过于淄上[②]，有土偶人与桃梗相与语[③]。桃梗谓土偶人曰：'子，西岸之土也，埏子以为人[④]，至岁八月[⑤]，降雨下[⑥]，淄水至，则汝残矣。'土偶曰：'不然。吾西岸之土也，吾残则复西岸耳。今子，东国之桃梗也，刻削子以为人，降雨下，淄水至，流子而去，则子漂漂者将何如耳[⑦]。'今秦，四塞之国[⑧]，譬若虎口，而君入之，则臣不知君所出矣。"孟尝君乃止。

（《齐策三》）

【注释】

①孟尝君：田文，靖郭君田婴的儿子，这时做齐相。

②淄：水名，源出今山东莱芜东北。

③土偶人：用泥土做成的人形。　桃梗：用桃木刻成的人像。

④埏（shān）：用水调和泥土。

⑤八月：此指周历八月，相当于夏历六月，正值雨季。
⑥降雨：大雨。降，通“洚”。
⑦何如：到哪里去。
⑧四塞之国：四面都有高山、要塞的国家。

【译文】

孟尝君将要到秦国去，上千的人劝阻他，他都不肯听从。苏秦打算劝阻他，孟尝君说：“讲人事的话，我通通都知道了；我还没有听说过的，只有鬼神的事罢了。”苏秦说：“我这次来，本来不敢谈人间的事，就是打算和您谈谈鬼神的事。”孟尝君接见了他。他对孟尝君说：“我这次来，经过淄水，遇见有个土偶人和桃梗在互相谈话。桃梗对土偶人说：‘你是西岸的泥土，把你做成人形，到了八月间，天降大雨，淄水暴发，你就会被冲坏了。’土偶人说：‘不对。我本是西岸的泥土，我被冲坏，不过仍然回到西岸而已。可是你呢，本是东方的桃梗，被雕刻成了人形，大雨下来，淄水来到，把你冲走，那时你飘飘荡荡，不知哪里才是你的归宿。’如今秦是一个四方都有险塞的国家，就像是虎口，你进去了，我不知道你能从哪里出来呢。”孟尝君就停止了他的行程。

扩展阅读

秦昭王闻孟尝君贤，先使泾阳君为质于齐[1]，以求见孟尝君。

（《史记·孟尝君列传》）

【注释】

①泾阳君：秦昭王同母弟公子市（fú）的封号。质：人质。

【译文】

秦昭王听说孟尝君很有才干，先派泾阳君到齐国做人质，要求孟尝君到秦国和他见面。

点 评

在齐国执政的孟尝君得到信息，秦昭王打算见他，于是铁了心肠要去，无数门客劝阻他都不起作用。这时，苏秦出马劝驾，充分展现了纵横家能言善辩的才能。

苏秦不是直接去扫孟尝君的兴头，而是从眼前的事实入手，即兴地道出了土偶和桃梗交谈的寓言。

泾阳君来自西方的秦国，苏秦把他比作西岸的土偶；孟尝君是东方人士，苏秦把他比作东国的桃梗；而淄水则是齐国境内的一条河。苏秦把这些人与景信手拈来，巧妙地组成一个完整的故事，生动形象，情景交融，大大加强了说服力。听了苏秦的一席话，孟尝君终于口服心服，暂停征辔。

我们在劝慰别人时，不要讲大道理，要实际、亲切，便于对方接受。

鲁仲连谏孟尝君逐客

孟尝君有舍人而弗悦，欲逐之。鲁连谓孟尝君曰[①]："猿（狝）猴错木据水[②]，则不若鱼鳖；历险乘危，则骐骥不如狐狸。曹沫之奋三尺之剑[③]，一军不能当[④]；使曹沫释其三尺之剑，而操铫耨[⑤]，与农夫居垄亩之中[⑥]，则不若农夫。故物舍其所长，之其所短[⑦]，尧亦有所不及矣[⑧]。今使人而不能[⑨]，则谓之不肖[⑩]；教人而不能，则谓之拙。拙则罢之，不肖则弃之。使人有弃逐，不相与处，而来害相报者，岂非世之立教首也哉[⑪]！"孟尝君曰："善。"乃弗逐。

（《齐策三》）

【注释】

①鲁连：即鲁仲连，战国时齐国人，善于出谋划策，排难解纷，终身不肯出来做官。

②错：通"措"，废弃，放弃。　据：处于。

③曹沫：一作曹刿（guì），春秋时鲁国人，曾在一次盟会上逼齐桓公归还齐国所侵占的鲁国土地。

④一军：一万二千五百人。

⑤铫（yáo）耨（nòu）：古代除草的两种农具。

⑥垄（lǒng）亩：田亩。垄，田中高处。

⑦之：用。
⑧尧：传说中古代的圣君。
⑨使：作用。　不能：做不到。
⑩不肖：没有才能。
⑪本句疑为："岂用世立教之道也哉！"

【译文】

孟尝君不喜欢他身边的一位侍从，打算赶走他。鲁仲连对孟尝君说："猿猴离开树木到了水里，就比不上鱼鳖；经历险地和攀登峭壁，骏马就比不上狐狸。从前鲁将曹沫挥动三尺长剑，一支大军也不能抵挡；假使叫曹沫放下手中的三尺长剑，拿上农具，和农夫一起在田间耕种，他还不如农夫。因而对一个人来说，如果舍弃他的长处，使用他的短处，就是像尧那样的圣人也有不如人的地方啊。现在用人，如果他做不到，就说他没有本领；教他而他没有学会，就说他笨。认为是笨拙的就罢免他，认为是没有本领的就抛弃他。使人受到驱赶，不能很好相处而回头来伤害你、报复你，这哪里是世上的用人之道呢！"孟尝君说："对。"就不赶那个侍从了。

扩展阅读

吴起于是闻魏文侯贤[①]，欲事之。文侯问李克曰[②]："吴起何如人哉？"李克曰："起贪而好色，然用兵司马穰苴不能过也[③]。"于是魏文侯以为将，击秦，拔五城。

（《史记·孙子吴起列传》）

【注释】

①吴起（？—前381）：战国时卫国左氏（今山东定陶西）

人，著名军事家，曾先后在鲁、魏、楚等国任职。 魏文侯：战国初年魏国国君，名斯，前445—前396年在位。他招贤纳士，使魏国国势蒸蒸日上。

②李克：战国时魏国大臣，子夏弟子。

③司马穰苴（ráng jū）：春秋时齐国军事家，田氏。曾任大司马（高级军官）之职。

【译文】

吴起听说魏文侯贤明，想在他手下做事。魏文侯问李克道："吴起是什么样的人？"李克回答说："吴起贪财而且喜欢美色，但用兵作战，古代名将司马穰苴也超不过他啊。"于是魏文侯用他做将领，攻打秦国，接连拿下五座城池。

点评

金无足赤，人无完人。人都有各自的优缺点，就看怎么对待。人和人相比，水平有高有低。就一个人来看，也有他的长处和短处。鲁仲连和孟尝君的谈话，对如何看待一个人的长处和短处，作了深刻的阐述。

魏文侯慧眼识吴起，避开他的缺点，使用他的优点，从而使吴起的军事才能立刻呈放异彩，攻城略地，建功立业。

舍短取长，就能发挥一个人的才能，把事情办好。与此相反，如果带着有色眼镜，看到的全是别人的缺点，认为"洪洞县里无好人"，这种人不但缺乏领导气概，就是作为一个普通工作人员也是很差劲的。

冯谖客孟尝君

齐人有冯谖者[①]，贫乏不能自存，使人属孟尝君[②]，愿寄食门下[③]。孟尝君曰："客何好[④]？"曰："客无好也。"曰："客何能[⑤]？"曰："客无能也。"孟尝君笑而受之曰："诺。"左右以君贱之也[⑥]，食以草具[⑦]。

居有顷[⑧]，倚柱弹其剑，歌曰："长铗归来乎[⑨]！食无鱼。"左右以告。孟尝君曰："食之，比门下之客。"居有顷，复弹其铗，歌曰："长铗归来乎！出无车。"左右皆笑之，以告。孟尝君曰："为之驾，比门下之车客。"于是乘其车，揭其剑[⑩]，过其友曰："孟尝君客我。"后有顷，复弹其剑铗，歌曰："长铗归来乎！无以为家[11]。"左右皆恶之，以为贪而不知足。孟尝君问："冯公有亲乎？"对曰："有老母。"孟尝君使人给其食用，无使乏。于是冯谖不复歌。

后孟尝君出记[12]，问门下诸客："谁习计会，能为文收责于薛者乎[13]？"冯谖署曰[14]："能。"孟尝君怪之，曰："此谁也？"左右曰："乃歌夫'长铗归来'者也。"孟尝君笑曰："客果有能也，吾负之，未尝见也。"请而见之，谢曰："文倦于事，愦于忧，而性忓愚[15]，沉于国家之事，开罪于先生[16]。先生不羞[17]，乃有意欲为收责于薛乎？"冯谖曰："愿之。"于是约车治装，载券契而行[18]，辞曰："责毕收，以何市而反[19]？"孟尝君曰："视吾家所寡有者。"

驱而之薛，使吏召诸民当偿者悉来合券[20]。券遍合，起矫命[21]，以责赐诸民，因烧其券，民称万岁。

长驱到齐[22]，晨而求见。孟尝君怪其疾也，衣冠而见之[23]，曰："责毕收乎？来何疾也！"曰："收毕矣。""以何市而反？"冯谖曰："君云'视吾家所寡有者'。臣窃计，君宫中积珍宝，狗马实外厩，美人充下陈[24]。君家所寡有者，以义耳！窃以为君市义。"孟尝君曰："市义奈何？"曰："今君有区区之薛[25]，不拊爱子其民[26]，因而贾利之[27]。

臣窃矫君命，以责赐诸民，因烧其券，民称万岁。乃臣所以为君市义也。”孟尝君不说[28]，曰：“诺。先生休矣[29]！”

后期年，齐王谓孟尝君曰[30]：“寡人不敢以先王之臣为臣。”孟尝君就国于薛[31]，未至百里，民扶老携幼，迎君道中。孟尝君顾谓冯谖曰：“先生所为文市义者，乃今日见之。”

（《齐策四》）

【注释】

①冯谖（xuān）：孟尝君的门客。

②属（zhǔ）：托付。

③寄食：依附别人生活。

④好（hào）：爱好。

⑤能：善于，胜任。

⑥贱之：认为他卑贱。

⑦食（sì）：给……吃。　草具：粗劣的饭食。

⑧有顷：不久。

⑨铗（jiá）：剑柄，这里指剑。

⑩揭：高举。

⑪为家：养家。

⑫记：文告，一说指账册。

⑬责：同“债”。　薛：齐国地名，在今山东省滕县东南，是孟尝君父亲的封地。

⑭署：签名。

⑮怜（nuò）：同“懦”，懦弱。

⑯开罪：得罪。

⑰不羞：不以此为羞辱。

⑱券契：契约合同。

⑲市：买。　反：同“返”。

⑳合券：对证合同。

㉑矫：假托。

㉒长驱：一直赶车不停留。

㉓衣冠（yì guàn）：穿好衣服，戴好帽子。

㉔下陈：堂下的庭院。

㉕区区：小小的。

㉖拊爱子：这三字是同义语，抚爱的意思。拊，同“抚”。子，慈爱。

㉗贾（gǔ）利：用商人的手段取利。

㉘说（yuè）：同“悦”。

㉙休矣：算了吧。

㉚齐王：指齐闵王。

㉛就国：回到所封的地方。

【译文】

齐国有个叫冯谖的人，穷得没法养活自己，就求人嘱托孟尝君，请求在他的门下当一名食客。孟尝君问：“客有什么爱好吗?”回答说：“没有什么爱好。”又问：“客有什么才能?”回答说：“没有什么才能。”孟尝君笑着答应道：“好吧!”孟尝君身边的人因为主人看不起冯谖，就随便拿些粗劣的饭食给他吃。

住下不久，冯谖靠在廊柱上，弹着他的佩剑歌唱道：“长剑啊，我们回去吧！吃饭没有鱼啊。”随从们把这事报告给孟尝君。孟尝君说：“给他鱼吃，把他当中等门客对待。”没过多久，冯谖又弹着剑歌唱道：“长剑啊，我们回去吧！出门没有车坐。”周围的人都笑他，又告诉孟尝君。孟尝君说：“给他备车，让他享受乘车门客的待遇。”于是冯谖坐着车，举着剑，去拜访他的朋友说：“孟尝君把我当门客看待。”

此后不久，冯谖又弹着剑歌唱道：“长剑啊，我们回去吧！没办法养家啊。”孟尝君周围的人都讨厌他，认为他贪心不足。孟尝君问：“冯先生有亲属吗？”回答说：“有个老母亲。”孟尝君派人把吃的用的给她送去，不让她感到短缺，于是冯谖也就不再歌唱了。

后来孟尝君出了文告，向门客们征询道：“有谁熟悉会计业务，能替我到薛邑去收债呢？”冯谖签上自己的名字，说：“我能办到。”孟尝君感到奇怪，问道：“这人是谁呀？”侍从们告诉他：“就是那个歌唱‘长剑回去吧’的人啊！”孟尝君笑着说：“这位门客真是有本领啊，我对不起他，还从来没有接见过他呢。”就把冯谖请来见面，并向他道歉说：“我被各种事务困扰得很疲劳，愁得心烦意乱，我又生性懦弱，陷入国事的忙碌中，以致开罪了先生。先生不见怪，还愿意为我到薛邑收债吗？”冯谖说：“我愿意。”于是备车整装，带上契约，准备上路。辞行时问道：“收完债，买些什么东西回来呢？”孟尝君说：“就看着我家所缺少的东西买吧。”冯谖驱车来到薛邑，叫差役召集该还债的百姓前来核对契约。核对完毕后，冯谖起身假传孟尝君的命令，宣布免掉百姓所欠的债务，并当众把契约烧掉，百姓们欢呼万岁。

冯谖扬鞭催马赶回齐都临淄，一大早就去拜见孟尝君。孟尝君对他很快返回感到奇怪，穿戴好衣帽出来接见他，问道：“债收完了吗？回来得好快啊！”冯谖答说：“收完了。”孟尝君又问：“买了什么回来？”冯谖说：“您说‘看着我家所缺少的东西买’。我想，您宫中堆放着珍宝，狗马充满了畜圈，美女站满了堂下。您家所缺少的就是义啊！我私下为您把义买回来了。”孟尝君问：“买义是怎么一回事呢？”冯谖说：“现在您只有一个小小的薛邑，不抚爱那里的百姓，反而像商人一样地在他们身上取利。我已擅自假传您的命令，把债款赐给了百姓，并烧掉了契约，百姓们高呼万岁。

这就是我给您买回的‘义’啊。”孟尝君听了很不高兴，说：“好啦，先生下去吧！”

过了一年，齐闵王对孟尝君说：“我不敢把先王的大臣当作自己的臣下。”孟尝君只好回到自己的封地薛邑。在距薛邑还有百多里路的地方，百姓扶老携幼，早已等在路上迎接他了。孟尝君回过头对冯谖说：“先生为我买的‘义’，我今天算是看到了。”

扩展阅读

（孟子在齐曰）“民之憔悴于虐政，未有甚于此时者也。饥者易为食，渴者易为饮。孔子曰：‘德之流行，速于置邮而传命[①]。’当今之时，万乘之国行仁政，民之悦之，犹解倒悬也。故事半古之人，功必倍之，惟此时为然。”

（《孟子·公孙丑上》）

【注释】

①置邮：驿站传递。

【译文】

（孟子在齐国说）“百姓在虐政中呻吟，没有比现在更厉害的了。饥饿的人容易对食物感到满足，口渴的人容易对饮料感到满足。孔子说过：‘德政的推行，比驿站传递命令还要快。’在当前的时候，拥有万辆兵车的国家推行仁政，百姓们喜欢它，就好像把自己从倒挂中解救出来一样。所以只要做到古人的一半，所得的功效就是古人的两倍，只有这个时候才是这样。”

点评

冯谖焚券的主题是：薛邑人民在高利盘剥下呻吟，市义之举为孟尝君赢得了民心，获得了薛地人民的衷心爱戴。少收入一点债款，对孟尝君没有什么影响，人民的拥护则是无价之宝，真是饥者易为食，渴者易为饮，事半而功倍啊！冯谖高瞻远瞩，预见未来，不愧为具有远见卓识的谋士。

这个故事还给了我们另一种启发：孟尝君什么都不缺，缺的就是“义”，冯谖焚券市义，正好补上了孟尝君缺少的东西。

我们自己缺少什么，是否也应有针对性地加以弥补呢？知识缺乏，勤学知识；身体虚弱，加强锻炼，如此等等。

赵威后问齐使

齐王使使者问赵威后[①]，书未发[②]，威后问使者曰："岁亦无恙耶[③]？民亦无恙耶？王亦无恙耶？"使者不说[④]，曰："臣奉使使威后，今不问王而先问岁与民，岂先贱而后尊贵者乎？"威后曰："不然。苟无岁，何以有民？苟无民，何以有君？故有舍本而问末者耶[⑤]？"

乃进而问之曰："齐有处士曰钟离子[⑥]，无恙耶？是其为人也，有粮者亦食[⑦]，无粮者亦食；有衣者亦衣[⑧]，无衣者亦衣。是助王养其民者也，何以至今不业也？叶阳子无恙乎？是其为人，哀鳏寡[⑨]，恤孤独[⑩]，振困穷[⑪]，补不足。是助王息其民者也，何以至今不业也？北宫之女婴兒子无恙耶？彻其环瑱[⑫]，至老不嫁，以养父母，是皆率民而出于孝情者也，胡为至今不朝也？此二士弗业，一女不朝，何以王齐国，子万民乎[⑬]？於陵子仲尚存乎[⑭]？是其为人也，上不臣于王，下不治其家，中不索交诸侯[⑮]。此率民而出于无用者，何为至今不杀乎？"

（《齐策四》）

【注释】

①齐王：指齐襄王，田氏，名法章，齐闵王子，前283—前265年在位。　赵威后：赵惠文王妻。前266年，赵惠文王卒，子孝成王立，年幼，由赵威后摄政。

②书：信。　发：拆开。

③岁：年景，收成。

④说：同“悦”。

⑤故：同“胡”。

⑥处士：隐居不仕的人。

⑦食（sì）：动词，供养，拿东西给人吃。

⑧衣（yì）：动词，拿衣服给人穿。

⑨鳏（guān）寡：老而无妻曰鳏，老而无夫曰寡。

⑩孤独：老而无子曰孤，幼而无父曰独。

⑪振：同“赈”。

⑫彻：通“撤”，除去。　环瑱（zhèn）：妇女的首饰。环，指耳环、臂环之类。瑱，垂在耳边的玉饰。

⑬子：以……为子。

⑭於（wū）陵子仲：齐国隐士，陈氏，又称陈仲子。於陵，地名，齐邑，在今山东邹平西南。

⑮索：求。

【译文】

齐王派使者去聘问赵威后，书信还未启封，赵威后就问使者道：“年成不错吧？百姓平安无事吧？大王身体好吧？”使者听了不大高兴，说：“我奉命来聘问太后，如今你不先问齐王却先问年成和百姓，难道能把卑贱的放在前边而把尊贵的放在后边吗？”威后说：“不对。假如没有好年成，百姓靠什么生活呢？如果没有百姓，怎么有国君呢？哪有撇开根本而先问枝节的呢？”

于是赵威后又进一步问："齐国有个叫钟离子的隐士，他还好吗？他的为人，不论有粮或无粮的，他都给他们饭吃；不管有衣服还是没有衣服的，他都给他们衣穿。这是个帮助大王养活百姓的人，为什么至今还不给他个官职呢？叶阳子安好吗？他的为人处世，同情鳏寡孤独，救济缺吃少穿的人，是个帮助国君使百姓安宁的人，为什么现在还不让他出来建功立业呢？北宫家的孝女婴兒子好吗？她摘掉首饰，到老不嫁，为的是奉养父母，这是给百姓做出行孝的表率啊，为什么至今还不让她朝见君王呢？这两个贤士不能为国效力，一个孝女没入朝进见，齐王靠什么来治理国家，抚爱百姓呢？於陵子仲还活着吗？他的为人呀，上不向大王称臣，下不去治理他的家，中不和诸侯交往。这是带领大家无所事事，为什么至今还不杀掉呢？"

扩展阅读

孟子曰："民为贵，社稷次之[①]，君为轻。是故得乎丘民为天子[②]，得乎天子为诸侯，得乎诸侯为大夫。"

（《孟子·尽心下》）

【注释】

①社稷：社是土地神，稷是谷神。在古代，社稷常被用作国家、政权的代称。

②丘民：丘是古代地区性的基层组织单位，丘民就是广大百姓。

【译文】

孟子说："百姓最为贵重，土谷之神是其次，君主为轻。所以得到百姓的欢心便做天子，得到天子的欢心便做诸侯，得到诸侯的欢心便做大夫。”

点评

把普通民众看得比国君还要重，这是闪耀着民主光辉的伟大思想，赵威后能认识这一点，并关心邻邦百姓的生活，真可算是古代一位杰出的女政治家。

齐人讥田骈不仕

齐人见田骈曰[1]："闻先生高议，设为不宦，而愿为役。"田骈曰："子何闻之？"对曰："臣闻之邻人之女。"田骈曰："何谓也？"对曰："臣邻人之女，设为不嫁，行年三十而有七子，不嫁则不嫁，然嫁过毕矣。今先生设为不宦，訾养千钟[2]，徒百人，不宦则然矣，而富过毕矣。"田子辞。

（《齐策四》）

【注释】

①田骈：战国时，齐国有名的学者。

②訾（zī）：资。　钟：古代量器，六斛四斗为一钟。

【译文】

有个齐国人去见田骈说："听说你高谈阔论，说是不愿做官，我愿供你差遣。"田骈说："你在哪里听说的？"回答说："我是从邻家女儿那里听说的。"田骈说："你这话是什么意思？"回答说："我邻人的女儿说是不嫁人，可到了三十岁，就生了七个儿子，不嫁倒是不嫁，可远远超过出嫁的人了。如今先生说是不做官，可受到千钟的供养，有上百名随从，不做官倒是不错，可是富裕生活远远超过做官的人啊！"田骈请他离开。

扩展阅读

子曰："始吾于人也，听其言而信其行；今吾于人也，听其言而观其行。于予与改是[①]。"

（《论语·公冶长》）

【注释】

①予：即宰予，春秋时鲁国人，名予，字子我，孔子学生，善于言辞。他说要专心学习，却在白天睡大觉。

【译文】

孔子说："从前我对一个人，听了他的话就相信他的行为；如今我对一个人啊，听了他的话还要观察他的行为。宰予的事使我改变了态度。"

点 评

社会上有各种各样的人，有的人言行一致，说到做到；有的人说一套，做一套，只开空头支票，并不兑现。

我们要有识别人的本领。怎么样识别呢？有一个简单的观察方法，就是把他的言行加以对照和衡量。言行如一的人，可以信任；言行相背的人，最好避而远之，本文的田骈就属于这种人。田骈在受到批评后，谢绝了齐人。其实，被谢绝的倒应是这位田先生。

还有一种人，台上握手，台下踢足，表面上甜言蜜语，吹你捧你，可暗地里却不遗余力地攻击你，一有机会，就对你狠施毒手。对这种人，要有防范意识。

鲁仲连论田单攻狄不下

田单将攻狄[①]，往见鲁仲子[②]。仲子曰："将军攻狄，不能下也[③]。"田单曰："臣以五里之城，七里之郭[④]，破亡余卒，破万乘之燕，复齐墟[⑤]，攻狄而不下，何也？"上车弗谢而去[⑥]，遂攻狄，三月而不克之也。

齐婴儿谣曰："大冠若箕，修剑拄颐[⑦]，攻狄不能下，垒枯丘[⑧]。"田单乃惧，问鲁仲子曰："先生谓单不能下狄，请闻其说。"鲁仲子曰："将军之在即墨[⑨]，坐而织蒉[⑩]，立则丈插[⑪]，为士卒倡曰：'〔无〕可往矣，宗庙亡矣，（云曰）〔魂魄〕尚矣，归于何党矣[⑫]。'当此之时，将军有死之心，而士卒无生之气，闻若言，莫不挥泣奋臂而欲战，此所以破燕也。当今将军东有夜邑之奉[13]，西有菑上之虞[14]，黄金横带而驰乎淄、渑之间[15]，有生之乐，无死之心，所以不胜者也。”田单曰：“单有心，先生志之矣。”明日，乃厉气循城[16]，立于矢石之所，及援枹鼓之[17]，狄人乃下。

（《齐策六》）

【注释】

①田单：战国时齐国临淄人。前284年，燕军破齐，他率众坚守即墨，用火牛阵大破燕军，尽复失地，后被任为齐相，封安平君。　狄：在今山东高青东南。

②鲁仲子：即鲁仲连，齐国高士。

③下：攻克。

④郭：外城。七里之郭，形容城很小。

⑤墟：遗址，废墟，泛指齐国故地。

⑥谢：辞，告别。

⑦修：长的。　颐：下巴。

⑧垒枯丘：当依别本作“垒枯骨成丘”。

⑨即墨：在今山东平度东南。

⑩蒉（kuì）：盛土的草包。

⑪丈：拄着，扶着。　插：通“锸”，指铁锹。

⑫党：处所。

⑬夜邑：在今山东掖县。

⑭菑：通“淄”，水名。　虞：通“娱”，娱乐。

⑮淄、渑：二水名，在今山东淄博附近。

⑯厉：通“励”，激励。　循：通“巡”。

⑰枹（fú）：鼓槌。

【译文】

田单将要攻打狄城，他去拜访鲁仲连。鲁仲连说：“将军此去攻打狄城，不能攻下。”田单说：“我曾凭借内城五里、外城七里的小地方，率领国家破亡后的残军，打败拥有万辆战车的燕国，恢复齐国故土，你却说我不能攻下狄城，这是为什么呢?”话音刚落就掉头登车，不辞而别，去攻打狄城，连攻三个月，不能拿下。

齐国的小孩子们唱着一首歌谣道：“帽儿像簸箕，长剑碰下巴，狄城攻不下，白骨成山没办法。”田单听了，害怕完不成任务，又去请教鲁仲连，说：“先生说我攻不下狄城，请把原因告诉我吧。”鲁仲连说：“将军在困守即墨时，一坐下来就编织草筐，一站起来就拄着铁锹，还教导战士们说：‘我们已没处可去了，国家已经灭亡了，但是我们的魂魄还在，我们将到何处安生呢。’那时，将军有死战的决心，战士们都不想苟且偷生，闻听到你这样的话，全都擦着眼泪，振臂高呼，要求一战，这就是能打败燕国的原因啊。如今，您东有夜城丰厚的收入，西有淄水的景色可以娱目，腰系黄金的带钩，驱车在淄水、渑水一带观赏，充满人生的乐趣，没有拼死的决心，这就是不能胜敌的原因啊。”田单说：“我决心已下，先生您就等着瞧吧。”第二天，田单亲自到战场激励士气，巡视地形，并站在能被敌军弓箭和石块击中的地方，擂鼓攻城，狄城终被攻下。

扩展阅读

故将者，士之心也；士者，将之肢体也。心犹与则肢体不用[①]，田将军之谓乎！

（《说苑·指武》）

【注释】

①犹与：即犹豫，迟疑不决。

【译文】

将领是战士的首脑，战士是将领的四肢。脑子里迟疑不决，四肢就会使用不灵，这说的就是田将军吧！

点评

作为一个指挥员，应具备多种素质，“勇”是其中之一。勇是要善于激励士气，鼓舞战士决战决胜的勇气。勇是要果敢决断，不退缩，不犹豫，不迟疑，对战局的前景充满必胜的信心。

吃苦在先，享乐在后，一切行为都是战士的表率，这是一个优秀指挥员应具备的基本素质。田单在攻狄之战中，最初居功自傲，意志消沉，使战斗遭受挫折。后经鲁仲连批评，幡然改过，终于拿下狄城。

胜利属于勇敢无畏的人。

齐君王后之贤

齐闵王之遇杀[①]，其子法章变姓名，为莒太史家庸夫[②]。太史敫女[③]，奇法章之状貌，以为非常人，怜而常窃衣食之，与私焉。莒中及齐亡臣相聚，求闵王子，欲立之。法章乃自言于莒。共立法章为襄王。

襄王立，以太史氏女为王后，生子建。太史敫曰："女无（谋）〔媒〕而嫁者，非吾种也[④]，污吾世矣。"终身不睹[⑤]。君王后贤，不以不睹之故，失人子之礼也。

襄王卒，子建立为齐王。君王后事秦谨[⑥]，与诸侯信[⑦]，以故建立四十有余年不受兵。

秦始皇尝使使者遗君王后玉连环[⑧]，曰："齐多知，而解此环不[⑨]？"君王后以示群臣，群臣不知解。君王后引椎椎破之[⑩]，谢秦使曰："谨以解矣。"

及君王后病且卒，诫建曰："群臣之可用者某。"建曰："请书之。"君王后曰："善。"取笔牍受言。君王后曰："老妇已亡矣[⑪]！"

君王后死，后后胜相齐[⑫]，多受秦间金玉[⑬]，使宾客入秦，皆为变辞，劝王朝秦，不修攻战之备。

（《齐策六》）

【注释】

①齐闵王之遇杀：前284年，燕军攻入齐都临淄，闵王逃亡，被楚将淖齿所杀。

②莒（jǔ）：齐邑，在今山东莒县南。 庸夫：傭夫、雇佣的人。

③敫（jiǎo）：姓氏。

④种：宗族，族类。

⑤睹：见。

⑥谨：谨慎。

⑦信：讲信用。

⑧秦始皇：当从别本作“秦昭王”。君王后死时，秦始皇尚未即位。 遗（wèi）：送给。

⑨不：同“否”。

⑩椎（chuí）：同“槌”。

⑪亡：同“忘”。

⑫后胜：齐国大臣。

⑬间：间谍。

【译文】

齐闵王被杀以后，他的儿子法章改变姓名，在莒地太史敫家做了佣人。太史敫的女儿觉得法章的相貌不同寻常，认为他不是一般的人，于是怜爱他，常常暗地里拿些衣服和食物给他，并和他私通。后来莒城中的人和从齐都逃亡出来的臣子在一起聚会，寻找闵王的儿子，准备立他为王。法章向莒城的人说明了自己的身份。他们就共同拥立法章做齐襄王。

襄王即位后，就立太史家的女儿为王后，生下一子名叫建。太史敫说：“我的女儿没有媒人而自行出嫁，不是我的后代，她污辱了我一世清名。”太史敫终身不肯见君王后。君王后很贤慧，不因父亲不见她而失去做子女的礼节。

齐襄王死后，儿子建继立为齐王。君王后事奉秦国小心谨慎，和诸侯交往讲信用，因而齐王建在位有四十多年没有遭受战祸。

秦始皇曾派遣使臣送给君王后一付玉连环，说：“齐国人足智多谋，能够解开这连环吗?”君王后把连环给群臣看，群臣不知道怎样才能解开。君王后用椎子击破玉连环，告诉秦国使臣说：“已经解开了。”

君王后病危将死，她告诫齐王建说：“群臣中可以重用某人。”齐王建说：“请让我写下来。”君王后说：“好。”齐王建取过笔和木简，准备记下遗言。君王后说：“老妇已经忘记了。”

君王后死后，后胜为齐相，收受了许多秦国间谍的金玉，他派到秦国去的宾客，回来都用变诈的言辞，劝齐王建入秦朝进见，不考虑整顿战备。

扩展阅读

王建……不助五国攻秦[①]，秦以故得灭五国。五国已亡，秦兵卒入临淄[②]，民莫敢格者[③]，王建遂降。

（《史记·田敬仲完世家》）

【注释】

①五国：韩、赵、魏、楚、燕。

②临淄：齐都，在今山东淄博市西。

③格：阻止。

【译文】

齐王建……不帮助五国攻秦，秦因而能够灭掉五国。五国被灭亡后，秦兵终于攻进临淄，百姓没有敢于抵抗的，齐王建于是投降。

点评

有人说“巾帼不让须眉”，这话在君王后身上得到了验证。

君王后年轻时能冲破旧礼教束缚，自主择婿，有眼光。父亲宣布和她断绝关系，她仍然礼数有加，有孝行。她主持大局，和各国长期友好相处，有才干。她死后，齐国不久就被秦国灭掉，可见她身系齐国安危，真可算是一位了不起的女英雄。捶破玉连环的举动，更显示出君王后智慧过人。一槌震敌胆，强于百万兵。这一槌给后人留下了无穷的思考。

江乙论北方畏昭奚恤

荆宣王问群臣曰[①]："吾闻北方之畏昭奚恤也[②]，果诚何如？"群臣莫对。

江乙对曰[③]："虎求百兽而食之，得狐。狐曰：'子无敢食我也。天帝使我长百兽[④]，今子食我，是逆天帝命也。子以我为不信[⑤]，吾为子先行，子随我后，观百兽之见我而敢不走乎[⑥]？'虎以为然，故遂与之行。兽见之皆走。虎不知兽畏己而走也，以为畏狐也。今王之地方五千里，带甲百万，而专属之昭奚恤；故北方之畏奚恤也，其实畏王之甲兵也，犹百兽之畏虎也。"

（《楚策一》）

【注释】

①荆宣王：即楚宣王，熊姓，名良夫，前369—前340年在位。

②昭奚恤：楚国的令尹。

③江乙：魏国人，当时在楚国做官。

④长百兽：做百善的首领。

⑤信：诚实。

⑥走：逃跑。

【译文】

楚宣王问群臣道："我听说北方各国都害怕昭奚恤，真是这样吗？"群臣无人回答。

江乙回答道："老虎寻找各种野兽吃，得到一只狐狸。狐狸说：'你可不敢吃我啊。老天派我做群兽的首领，如今你要是吃了我，这就是违抗老天爷的命令啊。如果你认为我的话不可靠，我走在前面，你跟在我身后，看看野兽们见了我有敢不跑的吗？'老虎认为它说得对，就和它一起走。野兽见到它们，都逃跑了。老虎不知道野兽是因为害怕自己才逃跑的，以为是害怕狐狸。如今大王的国土纵横五千里，精兵百万，都交给昭奚恤统领；所以北方各国害怕昭奚恤，其实是害怕大王的精兵，就好像野兽害怕老虎啊。"

扩展阅读

曾不知鼠凭社贵[1]，狐藉虎威，外无逼主之嫌，内有专用之功，势倾天下。

（《宋书·恩幸列传序》）

【注释】

①社：古代祭土地神的神坛。

【译文】

竟然不知道老鼠依仗着社坛而猖狂，狐狸凭借着虎威而神气。外没有威胁君主的嫌疑，内有专权的有利条件，权势压倒天下。

点评

虎是百兽之王，但它头脑简单，竟然被狡滑的狐狸蒙蔽而毫不觉察。

像狐狸那样假借虎威的人，古有昭奚恤，如今呢，恐怕也不乏其人。

有的人，口称是奉了某权威的指示办事，走到哪里，都摆出一副特使的架势，沾沾自喜，自鸣得意。一旦失去靠山，马上成为过街老鼠，惶惶不可终日。对这种狐假虎威的人，我们不要被他的气势汹汹所吓倒，要透过现象看本质，不被假象所迷惑。要有一双慧眼，看透这种人外强中干的虚怯内心。

还有更好的对策是：老虎都不足怕，狐狸其奈我何！

江乙论楚俗

江乙为魏使于楚，谓楚王曰[①]：“臣入竟[②]，闻楚之俗不蔽人之善，不言人之恶，诚有之乎？”王曰：“诚有之。”江乙曰：“然则白公之乱得无遂乎[③]！诚如是，臣等之罪免矣。”楚王曰：“何也？”江乙曰：“州侯相楚[④]，贵甚矣而主断[⑤]，左右皆曰‘无有’，如出一口矣。”

（《楚策一》）

【注释】

①楚王：当时楚宣王在位。

②竟：同“境”。

③白公：春秋时人，楚平王的孙子。楚惠王时，曾在楚国作乱，杀令尹，劫持楚王，后被叶公子高所平。

④州侯：楚国得宠的大臣，州是他的封邑，地在今湖北洪湖东北。

⑤主断：专断。

【译文】

江乙为魏国到楚国出使，对楚王说：“我进了楚国境内，听说楚国的习俗是不掩盖别人的优点，不谈别人的缺点，真有这回事吗？”楚宣王说：“真是这样。”江乙说：“那么像白公那样的乱事怕就会成功吧！真要是这样，我们的过错也就不会被觉察而受到处分了。”楚王说：“为什么呢？”江乙说：“州侯做楚相，地位尊贵而专断，你周围的人都说他‘没有专权的事’，就像从一个人口里说出来的话啊！”

扩展阅读

大臣挟愚污之人[①]，上与之欺主，下与之收利侵渔[②]，朋党比周[③]，相与一口，惑主败法，以乱士民，使国家危削，主上劳辱，此大罪也。

（《韩非子·孤愤》）

【注释】

①污：不廉洁。

②侵渔：用不正当的手段谋取。

③比周：互相勾结。

【译文】

大臣拉拢一些腐化贪污的人，和他们对上一起蒙蔽君主，对下一起贪污剥削，结党营私，说着同样的话，迷惑君主，败坏法纪，扰乱人民，使国家危亡，主上蒙羞，这可是大罪啊！

点 评

做一件事或了解一个人，听到各种不同的意见，有的互相矛盾，有的甚至截然相反，这些都是很正常的。如果只听到一种声音，这倒反而不正常，值得深入调查研究。

西汉初年的青年政论家贾谊，才华出众，识见超群，但却受到别有用心的大臣们的合力诋毁，一致说他学识不足，水平差劲，只想专权乱政。众口铄金，聚蚊成雷，贾谊终于被排斥到远方，郁郁而终。像这种诚实而受到怀疑，忠诚而受到诽谤的例子，历史上难道还少见吗？黑白混淆，是非颠倒，好人蒙冤，坏人得志，常常是主事者听信片面意见造成的。

我们做事，应该像法官那样，虚心听取原、被告双方的不同意见，然后作出正确的判断。

莫敖子华论忧社稷之臣

威王问于莫敖子华曰[①]："自从先君文王以至不穀之身[②]，亦有不为爵劝，不为禄勉[③]，以忧社稷者乎？"莫敖子华对曰："如华不足以知之矣[④]。"王曰："不于大夫[⑤]，无所闻之。"莫敖子华对曰："君王将何问者也？彼有廉其爵，贫其身，以忧社稷者；有崇其爵，丰其禄，以忧社稷者；有断脰决腹[⑥]，一瞑而万世不视，不知所益，以忧社稷者；有劳其身，愁其志，以忧社稷者；亦有不为爵劝，不为禄勉，以忧社稷者。"

王曰："大夫此言，将何谓也？"莫敖子华对曰："昔令尹子文[⑦]，缁帛之衣以朝[⑧]，鹿裘以处[⑨]。未明而立于朝，日晦而归食，朝不谋夕，无一月之积。故彼廉其爵，贫其身，以忧社稷者，令尹子文是也。……

"吴与楚战于柏举[⑩]，三战入郢[⑪]。君王身出，大夫悉属[⑫]，百姓离散。蒙穀结斗于宫唐之上[⑬]，舍斗奔郢，曰：'若有孤[⑭]，楚国社稷其庶几乎！'遂入大宫，负离次之典[⑮]，以浮于江，逃于云梦之中[⑯]。昭王反郢[⑰]，五官失法[⑱]，百姓昏乱。蒙穀献典，五官得法，而百姓大治。比蒙穀之功[19]，多与存国相若。封之执珪[20]，田六百畛[21]。蒙穀怒曰：'穀非人臣，社稷之臣。苟社稷血食[22]，余岂患无君乎！'遂自弃于磨山之中[23]，至今无胄[24]。故不为爵劝，不为禄勉，以忧社稷者，蒙穀是也。"

王乃大息曰[25]："此古之人也，今之人焉能有之耶？"莫敖子华对曰："昔者先君灵王好小要[26]，楚士约食，冯而能立[27]，式而能起[28]。食之可欲，忍而不入[29]；死之可恶，就而不避。章闻之，其君好发者，其臣抉拾[30]。君王直不好[31]，若君王诚好贤，此五臣者，皆可得而致之[32]。"

（《楚策一》）

【注释】

①威王：楚威王熊商，前339—前329年在位。　莫敖子华：战国时楚国大夫，名章。莫敖为官名，地位仅次于令尹。

②文王：楚文王熊赀（zī），前689—前677年在位。　不穀（gǔ）：古代王侯自称的谦辞。

③勉：努力，尽力，同前文"劝"同义。

④足：能够。

⑤大夫：指莫敖子华。

⑥脰（dòu）：颈项。　决腹：剖腹。

⑦令尹子文：令尹，楚国最高军政长官，相当于别国的相。子文，斗穀于菟，字子文，楚成王（前671—前626年在位）时为令尹。

⑧缁帛之衣：卿大夫的朝服。

⑨鹿裘：鹿皮衣，是兽皮中最贱的一种。　处：居家。

⑩吴与楚战于柏举：此战发生于前506年。柏举，春秋时楚地名，在今湖北麻城东北。

⑪郢：楚都，在今湖北江陵西北。

⑫属：跟随。

⑬蒙穀：春秋时楚臣。　官唐：地名，不详。

⑭孤：王室继承人。

⑮离次之典：零乱失次的法典。

⑯云梦：楚国大泽名，在今湖北监利一带，横跨长江两岸。

⑰昭王：楚昭王熊珍，前515—前489年在位。

⑱五官：分管天、地、神、民、类物的五种官职。　法：法度。

⑲比：比较。

⑳执珪：楚国最高爵位。

㉑畛（zhěn）：古代计算田地的单位，千亩为一畛。

㉒血食：享受祭祀。

㉓磨山：山名，在今湖北当阳东。

㉔无胄：后代没有显赫的地位。

㉕大息：出声叹息。大，同“太”。

㉖灵王好小要：楚灵王熊围，前540—前529年在位。小要，即细腰。要，同“腰”。

㉗冯：同“凭”。

㉘式：依靠。

㉙入：进食。

㉚抉拾：古射箭用具，此指习射。抉，角质制成，用来勾弦，戴指上。拾，用来护臂，皮质制成，戴臂上。

㉛直：只是，只。

㉜致：招来，招纳。

【译文】

楚威王向莫敖子华问道："从先君文王以来直到我这一代，可曾有过不追求爵位、不计较俸禄，却又为国家担忧的人吗？"莫敖子华回答："像我这样的人不能知道这个问题。"楚王说："如果不问你，我就无从知道。"莫敖子华说："大王要问的是哪种类型的人呢？他们之中有居官廉洁、不求富贵而为国担忧的；有官位高、俸禄厚而为国担忧的；有甘愿牺牲、永离人世也毫不考虑个人利益而为国担忧的；有不辞辛劳、愁思苦虑而为国担忧的；也有不要官爵、不要俸禄而为国担忧的。"

威王说："你这样说，将要说谁呢？"莫敖子华答道："从前令尹子文，上朝时穿上黑绸朝服，回家就换上粗劣的鹿皮袍子；他天不亮就站在宫门口等候朝见，天黑才回家吃饭；清贫得到了朝不保夕，家中连一个月的存粮都没有的地步。所以说令尹子文就是那种居官廉洁，不求富贵而为国担忧的人。……

"吴楚柏举之战时，在郢都沦陷、大臣跟着昭王出逃、百姓流离失所之际，蒙穀正在宫唐与敌人格斗。后来他放弃了格斗奔向郢都，他说：'昭王不知生死，只要还有嗣君，楚国或许还有复国的希望吧？'于是他进入楚王宫中，把那些散乱的典籍收拾起来，背在身上，渡过长江，逃到云梦泽中躲起来。后来昭王返回郢都，官吏们因失去国典而无法可依，社会秩序十分混乱；蒙穀献出他保存的国典，朝廷有了法令依据，把国家治理得井井有条。蒙穀的功劳与保全国家的功劳一样大。所以楚王封他以执珪的爵位，并赐给他封地六百畛。可蒙穀却生气地说：‘我不是人君的臣子，而是国家的臣子。只要国家不亡，我还担心没有国君吗?”于是他放弃封赏隐居到磨山之中，至今他的后代也无人做官。所以说蒙穀就是那不要爵位、不要俸禄而为国担忧的人啊!”

楚王听后叹道：“这些都是古时候的人啊，现在哪会有这样的人呢?”莫敖子华回答：“从前楚灵王喜欢腰细的人，于是楚国的士人都节制饮食，饿得要扶着东西才能站立、行走。吃饭是正常的欲望，可他们强忍着不吃；死亡是令人憎恶的，而他们却不加躲避。我还听说过，如果国君喜欢射箭，他的臣子们就乐于学射。这样看来，大王只是不爱好贤臣罢了，如果大王真心喜欢贤臣，这几种贤臣都是可以招来的。”

扩展阅读

夫圣王之制祭祀也[①]，法施于民则祀之，以死勤事则祀之，以劳定国则祀之，能御大灾则祀之，能捍大患则祀之。

（《礼记·祭法》）

【注释】

①圣王：道德水平很高的君主。

【译文】

古代的明君在确定应祭祀的人物时，法制能在百姓中施行，就祭祀他；为国事而牺牲，就祭祀他；用自己的辛勤努力使国家安定，就祭祀他；能抵抗大灾的，就祭祀他；能抵御大患难的，就祭祀他。

点 评

人都有一死，有的重于泰山，有的轻于鸿毛。为国家、为人民的利益而死，就比泰山还重。他们是我们民族的精神所寄，是社会的脊梁。英风千古，浩气长存。他们都是道德高尚的人，应当成为我们学习的楷模。

苏子论进贤

苏子谓楚王曰[①]："仁人之于民也，爱之以心，事之以善言[②]。孝子之于亲也，爱之以心，事之以财[③]。忠臣之于君也，必进贤人以辅之。今王之大臣父兄，好伤贤以为资[④]，厚赋敛诸（臣）百姓，使王见疾于民[⑤]，非忠臣也。大臣播王之过于百姓，多赂诸侯以王之地，是故退王之所爱[⑥]，亦非忠臣也，是以国危。臣愿无听群臣之相恶也[⑦]，慎大臣父兄，用民之所善，节身之嗜欲以〔安〕百姓。

"人臣莫难于无妒而进贤。为主死易，垂沙之事[⑧]，死者以千数。为主辱易，自令尹以下，事王者以千数，至于无妒而进贤，未见一人也。故明主之察其臣也，必知其无妒而进贤也。贤臣之事其主也，亦必无妒而进贤。夫进贤之难者，贤者用且使己废，贵且使己贱，故人难之。"

（《楚策三》）

【注释】

①苏子谓楚王：这里的苏子和楚王都是假托人物，不能指实。

②事：役使。

③事：侍奉，奉养。

④资：凭借，资本。

⑤见疾：被怨恨。

⑥退：消灭。　王之所爱：指土地、名声等。

⑦相恶：彼此中伤、诋毁。

⑧垂沙之事：指前301年，秦和齐、韩、魏共同攻楚，杀死楚将，攻占垂沙的事。垂沙，在今河南唐河西南，地当秦、楚边境。

【译文】

苏子对楚王说："有仁爱的人对于百姓，总是实心实意去爱他们，用善良的言辞为他们办事。孝子对于父母，总是敬爱他们，用财物供给他们。忠臣对于君主，一定推荐贤人去辅佐他。如今大王的大臣父兄们，喜欢攻击贤人作为提高自己的资本，对百姓加重剥削，使大王受到百姓的怨恨，这可不是忠臣啊。大臣把大王的错误向百姓散播，又把大王的很多土地割给诸侯，因而减少了大王喜爱的东西，这也不是忠臣，所以国家危险。我希望你不听任群臣的互相攻击，慎用大臣父兄，要用百姓喜欢的人，节制嗜欲以使百姓安定。

"作为臣子，难的是不忌妒而推荐贤才。为君主牺牲并不难，垂沙之战，牺牲的有好几千。为君主忍辱也容易，从令尹以下，为大王办事的人有几千，至于能不妒忌而推荐贤才的，没有见到一人。所以明主考察他的臣下，一定要看他能否不妒忌而举荐贤才。贤臣为他的君主办事，一定要做到不妒忌而推荐贤才。推荐贤才之所以难于做到，因为贤才受重用会使自己靠边，贤才受尊崇会使自己的地位降低，所以人们难于这样做。"

扩展阅读

君子谓祁奚于是能举善矣[①]。称其仇，不为谄；立其子，不为比；举其偏，不为党。《商书》[②]曰："无偏无党，王道荡荡。"其祁奚之谓矣。

（《左传·襄公三年》）

【注释】

①祁奚：春秋时晋国人，曾任晋国中军尉。前570年告老，先后推荐自己的仇人、儿子、下属继任。

②《商书》：这里的引文见《尚书》中的《洪范篇》。

【译文】

君子说祁奚可以称得上能举荐贤才了。举荐仇人，不算谄媚；推荐儿子，不算偏私；推举下属，不算结党。《商书》上说："不偏私，不勾结，道德广大，坦坦荡荡。"说的就是祁奚这种人吧！

点 评

推荐贤才对国家、对人民都是一件好事，可是在封建社会里，要做到这一点是十分困难的。贤才受到重用，将影响自己的地位和前途，怀挟私心、只图私利的人，怎么可能做到无妒而进贤呢？

害"红眼病"的人有的是，他们对贤才满怀妒忌，想尽办法加以排斥打击，唯恐别人胜过自己，哪里谈得上出以公心，举荐贤才呢？

今天，历史揭开新页，社会发生巨变，凡是德才兼备的人，都有着无限广阔的发展空间。

郑袖谗魏美人

魏王遗楚王美人[①]，楚王说之[②]。夫人郑袖知王之说新人也[③]，甚爱新人。衣服玩好，择其所喜而为之；宫室卧具，择其所善而为之[④]。爱之甚于王。王曰："妇人所以事夫者，色也；而妒者，其情也[⑤]。今郑袖知寡人之说新人也，其爱之甚于寡人，此孝子之所以事亲，忠臣之所以事君也。"

郑袖知王以己为不妒也，因谓新人曰："王爱子美矣。虽然，恶子之鼻[⑥]。子为见王[⑦]，则必掩子鼻。"新人见王，因掩其鼻。王谓郑袖曰："夫新人见寡人，则掩其鼻，何也？"郑袖曰："妾知也。"王曰："虽恶必言之[⑧]。"郑袖曰："其似恶闻君王之臭也。”王曰：“悍哉[9]！”令劓[10]之，无使逆命。

（《楚策四》）

【注释】

①魏王：不能确指何王。 楚王：指楚怀王，名槐，前328—前299年在位。

②说：同“悦”。

③郑袖：楚怀王宠妃。

④善：喜爱。

⑤情：人之常情，真实的情况。

⑥恶（wù）：厌恶。下文“恶闻君王之臭”中的“恶”同。

⑦为：如果。

⑧恶：忌讳。

⑨悍：凶。这里指胆大妄为。

⑩劓（yì）：割去鼻子。

【译文】

魏王送给楚王一位美人，楚王很喜欢她。夫人郑袖知道楚王宠爱这位美人，也就装作很喜欢她。一切服饰珍玩，都挑美人喜欢的送去，住室和卧具，都按美人中意的来置办。表面看来，郑袖比楚王还喜欢她。楚王说：“女人用来侍奉丈夫的是美貌，而有妒忌心也是女人的常情。现在郑袖知道我喜欢新人，她喜欢的程度居然胜过我，这也就是孝子侍奉父母、忠臣侍奉君主的样子啊！”

郑袖知道楚王认为自己没有忌妒心了，就对新人说：“大王喜欢你的美丽，可是却不喜欢你的鼻子。你如果去见大王，一定要捂住你的鼻子。”新人见到楚王，果真捂住自己的鼻子。楚王问郑袖：“新人每次见到我，就捂住她的鼻子，不知是什么原因？”郑袖说：“我知道为什么。”楚王说：

“即使是很难听的话，你也一定要告诉我。”郑袖说：“她好像是讨厌闻到大王身上的气味吧。”楚王说：“真胆大啊！”下令割掉美人的鼻子，不许违抗命令。

扩展阅读

这厮口蜜腹剑，正所谓匿怨而友者也[1]。

（《鸣凤记·南北分别》）

【注释】

①匿：隐蔽。

【译文】

这个家伙口蜜腹剑，正是古人所说的心藏怨恨而假意和人交好的人啊。

点 评

郑袖是楚王的宠妃，她妒忌魏国新来的美女，巧施毒计，进行残害。

郑袖外表美丽而心如蛇蝎。她先是装作对新人关心呵护，骗取对方的信任。回过头来，又蒙蔽楚王，让楚王也相信她。她口蜜腹剑，两面三刀，胸藏杀机，制造机会，终于使新人受到残害，其阴险狠毒，令人发指。

伪君子的可怕，远超过真小人。对那些表面上和你要好，但却包藏祸心，随时准备在背后刺你一刀的伪善者，特别要注意提防。善良的人们，可要警惕啊！

庄辛论幸臣亡国

庄辛谓楚襄王曰[①]："……王独不见夫蜻蛉乎[②]？六足四翼，飞翔乎天地之间，俛啄蚊虻而食之[③]，仰承甘露而饮之，自以为无患，与人无争也。不知夫五尺童子，方将调饴胶丝[④]，加己乎四仞之上[⑤]，而下为蝼蚁食也。

"蜻蛉其小者也，黄雀因是以[⑥]。俯噣白粒[⑦]，仰栖茂树，鼓翅奋翼，自以为无患，与人无争也。不知夫公子王孙，左挟弹，右摄丸[⑧]，将加己乎十仞之上，以其颈为招[⑨]，昼游乎茂树，夕调乎酸咸[⑩]，倏忽之间[⑪]，坠于公子之手。

"夫黄雀其小者也，黄鹄因是以[⑫]。游于江海，淹乎大沼[⑬]，俯噣鳝鲤[⑭]，仰啮菱衡[⑮]，奋其六翮而凌清风[⑯]，飘摇乎高翔，自以为无患，与人无争也。不知夫射者，方将修其碆卢[⑰]，治其缯缴[⑱]，将加己乎百仞之上。被礛磻[⑲]，引微缴[⑳]，折清风而抎矣[㉑]。故昼游乎江河，夕调乎鼎鼐[㉒]。

"夫黄鹄其小者也，蔡圣侯之事因是以[㉓]。南游乎高陂[㉔]，北陵乎巫山[㉕]，饮茹溪之流[㉖]，食湘波之鱼[㉗]，左抱幼妾，右拥嬖女[㉘]，与之驰骋乎高蔡之中[29]，而不以国家为事。不知夫子发方受命乎宣王[30]，系己以朱丝而见之也。

“蔡圣侯之事其小者也，君王之事因是以。左州侯，右夏侯，辇从鄢陵君与寿陵君[31]，饭封禄之粟，而载方府[32]之金，与之驰骋乎云梦之中[33]，而不以天下国家为事。不知夫穰侯方受命乎秦王[34]，填黾塞之内[35]，而投己乎黾塞之外。”

襄王闻之，颜色变作，身体战栗。于是乃以执珪而授之[36]，封之为阳陵君，与淮北之地也[37]。

（《楚策四》）

【注释】

①庄辛：楚庄王的后代，故以庄为姓。　楚襄王：即楚顷襄王熊横，前298—前263年在位。

②独：难道。　蜻蛉（líng）：蜻蜓。

③俛：同“俯”。

④方将：正要。　饴：糖浆。　胶：粘黏。

⑤仞：古代长度单位，八尺为仞。

⑥因是以：也是这样。　因：如同，犹。　以：通“已”，表肯定语气。

⑦噣，同“啄”。　白粒：米粒。

⑧摄：捏持，握着。

⑨招：箭靶。

⑩酸咸：调味料。言把黄雀做成菜。

⑪倏忽：顷刻。

⑫黄鹄（hú）：天鹅。

⑬淹：停留，止息。　乎：于。

⑭鰋（yǎn）：鲇鱼。　鲤：鲤鱼。

⑮衡：同“荇（xìng）”，水草。

⑯翮（hé）：鸟翅上的长羽毛。

⑰碆（bō）卢：弓箭。碆，石箭头。卢，黑色的弓。

⑱缯缴（zēng zhuó）：系在箭尾的细绳，以便把箭收回。

⑲磻（jiàn）磻：锐利的箭。磻，锐利。磻，同“碆”。

⑳引：拖着。　微：细的。　缴：绳子。

㉑抎（yǔn）：同“陨”。

㉒鼐（nài）：大鼎。

㉓蔡圣侯：蔡国末代君主。

㉔陂（bēi）：山坡。

㉕巫山：山名，在今重庆巫山东。

㉖茹溪：水名，巫山中的溪流。

㉗湘波：湘水。

㉘嬖（bì）：受宠爱。

㉙高蔡：今河南上蔡。

㉚子发：楚宣王将。　宣王：指楚宣王，前369—前340年在位。

㉛州侯、夏侯、鄢陵君、寿陵君：皆楚襄王宠臣。

㉜方府：楚国藏金的府库。

㉝云梦：云梦泽，楚国的大湖，是楚人游猎之地。

㉞穰（ráng）侯：名魏冉，秦昭王母宣太后异父弟，多次担任秦相。　秦王：指秦昭王。

㉟黾（mǐn）塞：在今河南信阳东南的平靖关。

㊱执珪：楚国最高爵位名。

㊲与：赐与。

【译文】

庄辛对楚襄王说："……大王难道没有见过蜻蜓吗？它有六足四翅，在天地之间飞翔，俯身捕食蚊虻，抬头吸吮甘露，自以为没有灾祸，和人也没有争端。它哪知五尺来高的小孩儿，正用糖浆涂着丝网，要把自己从两三丈高的地方粘下来，丢给蝼蛄和蚂蚁吃啊。

"蜻蜓还算是小的，黄雀也是如此啊。它俯身啄食白米粒，仰头飞到茂密的树间栖息，张开翅膀，奋力飞翔，自以为没有灾祸，跟谁也没有争端。它哪知那些公子王孙左手持弹弓，右手握弹丸，准备从七八丈的高空把它弹下来，正拿它的颈脖作箭靶子。它白天还在茂密的树间嬉游，晚上已被调上作料，做成菜肴。真是一转眼功夫，就掉在公子王孙的手里了。

"黄雀还算是小的，天鹅也是如此啊。它在江海间翱游，在湖沼里栖息，低头捕食鱼类，仰头嚼着菱角和荇菜，奋翅振羽，乘着清风在高空中翱翔，自以为不会有灾祸，和谁也没有争端。哪知那猎人正在修治弓箭，系好拴箭的丝绳，要从七八十丈的高空捕捉自己。它中了箭，拖着细细的丝绳，逆着清风栽落下来。它白天还在江河中嬉游，晚上已被煮在鼎里。

"天鹅还算是小的，蔡圣侯的事也是如此啊。他南游高陂，北登巫山，饮马茹溪，食鱼湘江，左手抱着年轻的妃子，右手搂着心爱的美女，和她们一同驱车在高蔡一带游乐，不把国事放在心上。他哪知楚将子发正接受楚宣王的命令，要用红绳子绑他去见楚宣王呢。

“蔡圣侯的事还算是小的，大王的事也是如此啊。大王左边是州侯，右边是夏侯，车后跟着鄢陵君和寿陵君，吃着封地的粮食，车上载着国库里的钱财，和他们在云梦泽中纵马驱车，游猎玩乐，不把国事放在心上。大王哪里知道穰侯正接受秦王的命令，准备攻进楚国黾塞以南，而把大王赶到黾塞以北去啊。”

楚襄王听了这番话，脸色大变，身子发抖。于是把执珪的爵位授给庄辛，并封他为阳陵君，赐与他淮河以北的土地。

扩展阅读

《新序》又载楚襄用庄辛计[①]，举淮北之地十二诸侯。盖丧乱之后，补败扶倾之计皆出于庄辛，特不能大有所为耳。

（《大事记》）

【注释】

①《新序》：西汉刘向所作的书，记载了许多古代故事。

【译文】

《新序》书中又载楚襄王采纳了庄辛的计策，攻下了淮北的一些小国。大败之后，挽救危局的计谋都是庄辛提出的，只是不能大有作为而已。

点评

楚国土地广大，在七国中首屈一指，但到了楚襄王时，连遭挫败，首都沦陷，迭失名城。庄辛指出，问题在于襄王享乐腐化，爱幸佞臣，不顾国事，以致秦军步步深入，国家濒于危亡。他善于进说，终使襄王感悟，改弦易辙，因而能稳定局势，继续和秦国对峙。

本文因小及大，由物到人，环环相扣，层层递进，行文铺张扬厉，开启了汉赋的先声。

历史的教训告诉我们，在处境不利的情况下，如能有针对性地找出原因，及时纠正，还是可以摆脱困境的。无所作为或悲观失望，都是不可取的；坚持错误，越走越远，更只能使自己陷入泥沼，无法自拔。天助自助者，命运掌握在自己手中。

不死之药

有献不死之药于荆王者[①]，谒者操以入[②]。中射之士问曰[③]："可食乎？"曰："可。"因夺而食之[④]。王怒，使人杀中射之士。

中射之士使人说王曰："臣问谒者，谒者曰可食，臣故食之，是臣无罪，而罪在谒者也。且客献不死之药，臣食之而王杀臣，是死药也。王杀无罪之臣，而明人之欺王。"王乃不杀。

（《楚策四》）

【注释】

①荆王：楚王。本篇近似寓言，此楚王不能确指。

②谒者：为国宾掌管传达的人。　操：持，拿着。

③中射之士：善射的人，负责宫廷保卫者。

④因：于是，就。

【译文】

有人向楚王进献长生不死的仙药，谒者拿着进入宫中。中射之士问道："可以吃吗？"答说："可以。"于是夺过来就吃了。楚王生气了，派人去杀中射之士。

中射之士叫人向楚王进说道："我问过谒者，谒者说可以吃，我这才把它吃掉，可见我并没有过错，错误在谒者身上。况且宾客献上不死的仙药，我吃了，大王把我杀掉，这分明是死药啊，摆明了是宾客在欺骗大王啊。大王杀掉无罪的我，不是证明大王受骗上当了吗！”楚王就不杀他了。

扩展阅读

……蓬莱、方丈、瀛洲，此三神山者，其传在渤海中。……盖尝有至者，诸仙人及不死之药皆在焉。……始皇自以为至海上而恐不及矣[①]，使人乃赍童男女入海求之[②]。……不得，还至沙丘崩[③]。

（《史记·封禅书》）

【注释】

①始皇：即秦始皇，嬴姓，名政，秦王朝的建立者，前246—前210年在位。

②赍（jī）：派遣。

③沙丘：地名，在今河北广宗西北大平台。

【译文】

……蓬莱、方丈、瀛洲，这三座神山，相传在渤海之中。……据说曾有人到达过，众位仙人和不死之药都在那里。……秦始皇心里想着到海上去，惟恐不及。于是派人带上童男女入海求取仙药。……得不到，走到沙丘就死了。

点评

不死之药原是骗人的鬼话，可是古往今来，上当受骗的却层出不穷，有的至死不悟。

所谓不死之药，大体上有这几种情况：

一是吃了无害，不至于成为“必死之药”。中射之士所食的，应是属于这种。

二是飘渺虚幻，根本找不到，像秦始皇那样。

三是吃下去立刻“升天”，像《红楼梦》中贾敬所服的金丹。

现在有的保健品，狂吹吃了能永葆青春，又或称能治百病，甚至说能治绝症，叫人绝处逢生。察考其实，原来只是保健品或食品，根本不是药物，不知神奇的疗效从何而来？

魏加论临武君不可将

天下合纵[①]。赵使魏加见楚春申君曰[②]："君有将乎?"曰："有矣，仆欲将临武君[③]。"魏加曰："臣少之时好射，臣愿以射譬之，可乎?"春申君曰："可。"

加曰："异日者，更羸与魏王处京台之下[④]，仰见飞鸟。更羸谓魏王曰：'臣为王引弓虚发而下鸟[⑤]。'魏王曰：'然则射可至此乎?"更羸曰：'可。'有间，雁从东方来，更羸以虚发而下之。魏王曰：'然则射可至此乎?'更羸曰：'此孽也[⑥]。'王曰：'先生何以知之?'对曰：'其飞徐而鸣悲[⑦]。飞徐者，故疮痛也[⑧]；鸣悲者，久失群也。故疮未息而惊心未忘也。闻弦者引而高飞，故疮裂而陨也。今临武君尝为秦孽，不可为拒秦之将也。”

（《楚策四》）

【注释】

①据《史记·春申君列传》：秦始皇六年，楚、韩、魏、赵、卫五国为了抵抗秦国的攻伐，相约合纵，讨伐秦国。楚王为合纵长，春申君掌权。

②魏加：赵臣。 春申君：黄歇的封号。他是楚考烈王的相，被封在吴（今江苏苏州）。

③仆：对自己的谦称。 临武君：赵将庞煖（xuān）。

④更羸（léi）与魏王：都是假托的人。 京台：台名，游玩观赏的地方。

⑤引：拉。 虚发：只拉弓弦而无箭。 下鸟：使鸟掉下来。

⑥孽：未愈的隐伤。

⑦徐：缓慢。

⑧故疮：旧伤口。

【译文】

东方各国准备合纵攻秦。赵国派遣魏加去见楚国的春申君道：“您有将领了吗？”答说：“有了，我打算用临武君做将领。”魏加说：“我年轻时喜欢射箭，我希望来作比喻，可以吗？”春申君说：“可以。”

魏加说：“从前，更羸和魏王处在京台的下面，抬头看见飞鸟，更羸对魏王说：‘我愿为大王拉满空弓，做一个弹射的动作，就可使鸟掉下来。’魏王说：‘射箭的技巧竟可达到如此神妙的地步吗？’更羸说：‘可以。’不久，一只雁从东方飞来，更羸拉弓虚弹一下就使它掉下来。魏王问：‘射箭的技巧真可达到如此的程度吗？’更羸答道：‘因它有隐伤在身。’魏王说：‘先生是怎么知道的？’答道：‘因它飞得慢而叫声悲哀。飞得慢，是因它的旧伤疼痛；叫声悲哀，是因它失群已久，旧伤未愈，而惊恐之心还没有忘掉啊。听到弓弦声就奋力高飞，使旧的伤口迸裂就掉了下来。’眼下的临武君，曾被秦军打败过，他可是不能担任抗秦的将领啊！”

扩展阅读

四年[①]，庞煖将赵、楚、魏、燕之锐师[②]，攻秦蕞[③]，不拔。

（《史记·赵世家》）

【注释】

①四年：即赵悼襄王四年，前241年。赵悼襄王，名偃，前244—前236年在位。

②庞煖：战国时赵将，即临武君。

③蕞（zuì）：秦邑，在今陕西临潼东北。

【译文】

（赵悼襄王）四年，庞煖率领赵、楚、魏、燕的精锐军队，进攻秦国的蕞，没有攻下。

点评

《孙子兵法》论做将领应具备五个必要条件，“勇”是其中之一。要完成一件大事，必须要勇敢无畏，有排除一切艰难险阻破浪前进的决心。临事畏缩，缺乏勇气，在心里先就打了败仗，怎么可能完成任务呢！

汗明见春申君

汗明见春申君[①]，候问三月，而后得见。谈卒，春申君大说之[②]。汗明欲复谈，春申君曰："仆已知先生，先生大息矣。"汗明憱焉曰[③]："明愿有问于君而恐固[④]。不审君之圣，孰与尧也[⑤]？"春申君曰："先生过矣，臣何足以当尧！"汗明曰："然则君料臣孰与舜[⑥]？"春申君曰："先生即舜也。"汗明曰："不然。臣请为君终言之。君之贤实不如尧，臣之能不及舜。夫以贤舜事圣尧，三年而后乃相知也。今君一时而知臣，是君圣于尧而臣贤于舜也。"春申君曰："善。"召门吏为汗先生著客籍[⑦]，五日一见。

汗明曰："君亦闻骥乎[⑧]？夫骥之齿至矣，服盐车而上太行[⑨]。蹄申膝折[⑩]，尾湛胕溃[⑪]，漉汁洒地[⑫]，白汗交流，中坂迁延[⑬]，负辕不能上。伯乐遭之[⑭]，下车攀而哭之，解纻衣以幂之[⑮]。骥于是俯而喷，仰而鸣，声达于天，若出金石声者，何也？彼见伯乐之知己也。今仆之不肖，厄于州部，堀穴穷巷[⑯]，沈洿鄙俗之日久矣[⑰]，君独无意湔拔仆也[⑱]，使得为君高鸣屈于梁乎？"

（《楚策四》）

【注释】

①汗明：事迹不详。

②说，通“悦”，喜爱。

③憱（cù）焉：不安的样子。

④固：愚陋。

⑤尧：传说中上古时代的明君。

⑥舜：尧臣，后继尧为君。

⑦著：登记。　籍：名册。

⑧骥：千里马。

⑨服：驾车，拉车。　太行：山名，绵延于山西、河北两省。

⑩申：同“伸”。

⑪湛（chén）：下垂。　胕：同“肤”。

⑫漉汁：渗出的液汁。

⑬中坂：半山坡上。迁延：难以前进的样子。

⑭伯乐：姓孙名阳，字伯乐，春秋时善相马的人。

⑮纻（zhù）衣：麻布衣。　幂（mì）：覆盖。
⑯堀：同“窟”。
⑰沈洿：同“沉污”。
⑱湔（jiān）：洗涤。

【译文】

汗明去见春申君，等了三个月才被接见。交谈完毕，春申君非常高兴。汗明想继续再谈，春申君说：“我已经了解先生了，请先生休息吧。”汗明不安地说：“我想问一个问题，又怕问得太肤浅了。不知道您的圣明比尧怎么样？”春申君说：“先生说得过分了，我怎么比得上尧呢！”汗明说：“那么您看我和舜相比怎么样？”春申君说：“先生就是舜啊。”汗明说：“不对。请让我把话说完吧。您的圣明确实比不上尧，我的才能也比不上舜。即使贤能的舜在圣明的尧手下做事，三年以后尧才了解舜。现在您顷刻之间就说了解我，那就是您比尧更圣明而我比舜更贤能了。”春申君说：“说得好。”就叫手下的办事人员把汗先生的名字登载在宾客名册上，每五天接见他一次。

汗明对春申君说：“你曾经听说过千里马的故事吗？千里马快老了，主人驱使它驾着盐车，攀越太行山路。它伸着蹄，弯着腿，尾巴下垂，皮肤溃烂，口涎流在地上，身上汗水交流，在半山坡上艰难地挣扎，驾着车辕，怎么也上不去。这时伯乐遇见了它，就下车牵着它哭泣，解下自己的麻布衣盖在它身上。于是千里马低头喷气，然后昂首嘶鸣，声彻长空，那声音就像是从钟磬等乐器里发出来的，为什么这样？因为它看到伯乐了解自己啊。如今我不成材，在地方上受着压抑，住在洞穴中，生活在简陋的里巷内，沉浸在污浊鄙俗的环境已经很久了，你难道不想为我涤除污秽，让我也能在山梁上高声吐露出心里的委屈吗？”

扩展阅读

世有伯乐，然后有千里马。千里马常有，而伯乐不常有，故虽有名马，只辱于奴隶人之手，骈死于槽枥之间[①]，不以千里称也。

（《韩昌黎集·杂说之四》）

【注释】

①槽枥（lì）：马槽。

【译文】

世间有了伯乐，才会有千里马。千里马经常都有，但伯乐却是少见，所以虽有好马，只被庸人奴隶的手所糟蹋，都死在马槽边上，不被人看作千里马啊。

点 评

负有一定领导责任的人，要善于发现人才，恰当地使用人才，还要像伯乐那样爱惜人才。没有伯乐的眼光和胸怀，就会对千里马视而不见，把它当作凡马对待。千里马遇上不识货的人，就会受委屈，受压抑，困死在马槽边。它的一腔悲愤，有谁可以倾诉？

千里马遇上伯乐，它的才能会迸放异彩，奔逸绝尘，成为出类拔萃的宝马。只有伯乐能赏识千里马，千里马也渴望着伯乐的出现。

李园进女弟于春申君

楚考烈王无子[1]，春申君患之，求妇人宜子者进之，甚众，卒无子。

赵人李园，持其女弟欲进之楚王[2]，闻其不宜子，恐又无宠。李园求事春申君为舍人。已而谒归[3]，故失期。还谒，春申君问状。对曰："齐王遣使求臣女弟，与其使者饮，故失期。"春申君曰："聘入乎？[4]"对曰："未也。"春申君曰："可得见乎？"曰："可。"于是园乃进其女弟，即幸于春申君。

知其有身[5]，园乃与女弟谋。园女弟承间说春申君曰[6]："楚王之贵幸君，虽兄弟不如[7]。今君相楚王二十余年，而王无子，即百岁后，将更立兄弟。即楚王更立，彼亦各贵其故所亲，君又安得长有宠乎！非徒然也[8]，君用事久，多失礼于王兄弟，兄弟诚立，祸且及身，奈何以保相印、江东之封乎[9]？今妾自知有身矣，而人莫知。妾之幸君未久，诚以君之重而进妾于楚王，王必幸妾[10]，妾赖天而有男，则是君之子为王也，楚国封尽可得，孰与其临不测之罪乎？"春申君大然之[11]，乃出园女弟，谨舍而言之楚王[12]。楚王召入，幸之。遂生子男，立为太子，以李园女弟立为王后。楚王贵李园，李园用事。

李园既入其女弟为王后，子为太子，恐春申君语泄而益骄，阴养死士[13]，欲杀春申君以灭口，而国人颇有知之者。

春申君相楚二十五年，……楚考烈王崩，李园果先入，置死士，止于棘门之内[14]。春申君后入，止棘门。园死士夹刺春申君，斩其头，投之棘门外。于是使吏尽灭春申君之家。而李园女弟初幸春申君有身，而入之王所生子者，遂立为楚幽王也[15]。

（《楚策四》）

【注释】

①楚考烈王：熊完，楚顷襄王之子，前262—前238年在位。

②女弟：妹妹。

③谒归：请假回家。谒，请求。

④聘：订婚的信物。　入：交纳。

⑤有身：怀孕。

⑥承间：找机会。

⑦虽：即使。

⑧徒然：只有这样。

⑨江东之封：春申君初封淮北十二县，后徙封吴（今江苏苏州）。

⑩幸：国王宠幸。

⑪然：认为正确，赞同。

⑫谨舍：设馆舍严加守卫。

⑬死士：杀手。

⑭棘门：宫门名。

⑮楚幽王：名悍，前237—前228年在位。

【译文】

楚考烈王没有儿子，春申君很担忧这件事，寻求能生育的妇女献给楚王，为数很多，但还是没有孩子。

赵国人李园带来他的妹妹，准备献给楚王。听说楚王不能生孩子，恐怕自己的妹妹进宫后也因不能怀孕而得不到楚王的宠爱。李园求见春申君，请求做他的随从。不久，李园请假回家，故意超过期限。在他回来拜见时，春申君问他的情况。他回答说："齐王派使臣来聘娶我的妹妹，我和使者一起喝酒，所以没有如期返回。"春申君问："受聘礼了吗？"答说："还没有。"春申君说："可让我见一下你妹妹吗？"答说："可以。"于是李园就把他的妹妹送来，她随即受到了春申君的宠爱。

李园知道妹妹怀孕了，就和她一起策划。李园的妹妹找机会对春申君说："楚王重用您，超过了他的亲兄弟。如今您辅佐楚王二十多年，而楚王没有儿子，他去世后，就会另立他的兄弟做国君。新君即位，会各自提拔他们原先的亲信，你又怎能长期得宠呢？不仅如此，您当权的时间长，有很多得罪楚王兄弟的地方。楚王兄弟真的做了国君，您就会大祸临头，又怎么能保住您的相印和江东的封邑呢？现在我知道自己已经怀孕了，而别人都不知道。我在您身边的时间不长，果真能凭借您的地位把我献给楚王，楚王定会喜欢我。我如能得到上天保佑生个男孩，那么您的儿子就会成为楚王，楚国全境都会得到，这不比您面临不测之罪强吗？"春申君觉她说得很对，就把李园妹妹迁到府外，另行安置后推荐给楚王。楚王召她进宫，很宠爱她。后来生了个男孩，被立为太子，李园的妹妹被立为王后。楚王因此重用李园，李园就执掌了大权。

李园使自己的妹妹进宫当了王后，她的儿子成了太子。他担心春申君口风不紧而骄傲，于是暗中蓄养刺客，企图杀死春申君灭口。楚国国都中已经有些人知道了这件事。

春申君做楚相的第二十五年，……楚考烈王死了，李园果然抢先进宫，安排刺客，埋伏在宫门里面。春申君随后进宫，刚走进宫门，李园的刺客就从两旁冲出把他刺死，并割下他的头，扔在宫门外边。接着又派人把春申君满门抄斩。李园的妹妹当初与春申君同居怀孕，进宫后生下的那个男孩子，被立为楚国国君，他就是楚幽王啊。

扩展阅读

吕不韦取邯郸诸姬绝好善舞者与居[①]，知有身。子楚从不韦饮[②]，见而说（悦）之，因起为寿，请之。吕不韦……乃遂献其姬。姬自匿有身，至大期时[③]，生子政[④]。子楚遂立姬为夫人。

（《史记·吕不韦列传》）

【注释】

①吕不韦：战国末卫国濮阳（今河南濮阳西南）人。本阳翟（今河南禹州）巨商，后入秦为相，封文信侯。

②子楚：秦昭王孙、安国君子，原名异人，在赵国做人质。

③大期：指妇女足月分娩的日期。

④子政：后即位为秦王政，统一天下后称秦始皇。

【译文】

吕不韦寻求邯郸歌女中长得很美丽而又善于跳舞的同居，知道她有孕了。子楚到吕不韦处一起喝酒，见到她非常喜欢，于是起身敬酒，请求把歌姬送给他。吕不韦……就把歌姬献上。歌姬隐瞒了怀孕的事实，十个月后，生下了子政。子楚就把赵姬立为夫人。

点评

战国时的宫廷斗争，尖锐而残酷，刀光剑影，血雨腥风，权谋和诡计层出不穷。

李园和吕不韦都是工于心计的野心家，他们都用美人计使自己爬上政治舞台，窃取了国家大权。春申君做楚相二十多年，也算是有才能的政治家，可他不知警觉，被美色所迷，糊里糊涂钻进了别人的圈套，真是英雄难过美人关啊。春申君和子楚的上当，都是原于一己之私，想成为太上皇。他们不知“福兮祸所伏”，完全丧失了警惕。

摒除私心杂念，什么鬼蜮伎俩都将无从施展。

赵韩魏三家灭知伯

赵襄子召张孟谈而告之曰[1]："夫知伯之为人[2]，阳亲而阴疏[3]，三使韩、魏而寡人弗与焉，其移兵寡人必矣，今吾安居而可？"张孟谈曰："夫董阏于[4]，简主之才臣也[5]，世治晋阳[6]，而尹铎循之[7]，其余政教犹存，君其定居晋阳。"君曰："诺。"……

三国之兵乘晋阳城[8]，遂战，三月不能拔，因舒军而围之[9]，决晋水而灌之[10]。围晋阳三年，城中巢居而处[11]，悬釜而炊，财食将尽，士卒病羸[12]。襄子谓张孟谈曰："粮食匮[13]，财力尽，士大夫病，吾不能守矣，欲以城下[14]，何如？"张孟谈曰："臣闻之，亡不能存，危不能安，则无为贵知士也。君释此计[15]，勿复言也。臣请见韩、魏之君。"襄子曰："诺。"张孟谈于是阴见韩、魏之君曰："臣闻唇亡则齿寒，今知伯帅二国之君伐赵，赵将亡矣，亡则二君为之次矣。"二君曰："我知其然。夫知伯为人也，粗中而少亲[16]，我谋未遂而知，则其祸必至，为之奈何？"张孟谈曰："谋出二君之口，入臣之耳，人莫之知也。"二君即与张孟谈阴约三军，与之期日，夜遣入晋阳。张孟谈以报襄子，襄子再拜之。……

襄子……使张孟谈见韩、魏之君曰："夜期杀守堤之吏，而决水灌知伯军。"知伯军救水而乱，韩、魏翼而击之。襄子将卒犯其前[17]，大败知伯军而禽知伯[18]。

（《赵策一》）

【注释】

①赵襄子：战国初人，晋国六卿之一，名无恤，赵鞅之子。张孟谈：赵襄子的谋臣。

②知伯：名瑶，晋国六卿之一。前458年，他联合韩、赵、魏三家灭掉范氏、中行氏，其势最强。"知"或作"智"。

③阳亲而阴疏：表面亲善，内心疏远。阳，表面上；阴，暗地里。

④董阏于：春秋时人，晋卿赵鞅的家臣。

⑤简主：即赵简子，春秋末晋国大夫，名鞅，他奠定了建立赵国的基础。

⑥晋阳：今山西太原南。

⑦尹铎：春秋时人，晋卿赵鞅家臣。　循：遵守，沿袭。
⑧乘：进攻。
⑨舒：展开，散开。
⑩晋水：在晋阳附近，今名晋河，东北流入汾河。
⑪巢居：像鸟一样在高处筑屋。
⑫羸（léi）：瘦弱。
⑬匮（kuì）：缺少。
⑭下：投降。
⑮释：放弃。
⑯粗中而少亲：内心粗暴，缺少仁爱。中，内心。
⑰将：率领。　犯：突，进攻。
⑱禽：通“擒”，捉拿。

【译文】

赵襄子召见张孟谈，对他说：“知伯的为人，表面对你友好，暗中却和你保持着距离，他屡次派人和韩、魏联系，单单避开我们，看来他定调兵攻打我们，你看我们在哪里据守为好?”张孟谈说：“那董阏于是先君简子得力的臣子，世代治理晋阳，其后由尹铎继任，他们的影响至今还保留着，你就驻守在晋阳吧。”赵襄子说：“就这么办。”……

知、韩、魏三家的军队开到晋阳城下，战斗就打响了。三个月没有攻下，他们就散开军队把城包围起来，并掘晋水淹城。晋阳被围困了三年，城中的人被逼得在高处搭棚架栖身，吊起锅煮饭，吃的和用的都快完了，士兵们精疲力尽。赵襄子对张孟谈说：“眼下粮缺财尽，臣民疲敝，我守不住了，想开城投降，你看怎么样?”张孟谈说：“我听说，国家将亡而不能使它保存，局势危险而不能使它安定，那就用不着重视智谋之士了。请您放弃这个打算，别再说了。我要求去见韩、魏的君主。”襄子说：“好。”张孟谈就秘密地会见了韩、魏两家的君主，对他们说：“我听说‘唇失掉了齿就会冷’，如今知伯率领二位伐赵，赵氏即将灭亡。赵亡就会轮到二位了啊。”他俩说：“我知道会是这样。那知伯的为人，粗暴而狠毒，我们的计谋如果不成功，就被他发觉，就会大祸临头，你看怎么办?”张孟谈说：“计谋从二位口中说出，进入我的耳里，别人是不会知道的。”他们俩就和张孟谈秘密部署好部队，约定了举事的日期，夜里把张孟谈送回晋阳城内。张孟谈把情况向赵襄子汇报，赵襄子对他再拜致谢。……

赵襄子……派张孟谈去见韩、魏二家君主说：“就在今夜杀掉守堤的人，放水去淹知伯的军营。”知伯军队忙着去救冲来的水，乱作一团，韩、魏军队从两翼夹击，赵襄子率领大军从正面进攻，大败知伯的军队，并活捉了知伯。

扩展阅读

赵简子使尹铎为晋阳。请曰：“以为茧丝乎？抑为保障乎？”简子曰：“保障哉！”尹铎损其户数。简子诫襄子曰：“晋国有难，尔无以尹铎为少，无以晋阳为远，必以为归。”

（《国语·晋语》）

【译文】

赵简子派尹铎治理晋阳。尹铎临行请示道：“把它当作茧丝，供你抽取；抑或作为保障，可以依靠?”简子说：“当作保障啊!”尹铎便减少了晋阳的户数，少收赋税。简子告诫襄子道：“要是晋国政局有变，你不要认为尹铎年轻，不要认为晋阳遥远，一定要回到那里去。”

点评

晋阳之围有三个重要人物：知伯骄傲自大而贪得无厌，赵襄子沉着冷静而善于用人，张孟谈聪明机警而老谋深算。三个人的不同性格决定了晋阳攻防战的命运，最终，知伯身死国亡，成为天下人的笑柄。赵襄子、张孟谈君臣一心，在敌强我弱的形势下，争取到韩、魏，反戈一击，转败为胜。

只要团结一致，把利害相同的各方联合起来，就能征服险滩，渡过湍流，战胜顽敌。

冯亭嫁祸于赵

（秦攻韩）冯亭守三十日[①]，阴使人请赵王曰[②]："韩不能守上党[③]，且以与秦，其民皆不欲为秦而愿为赵[④]，今有城市之邑十七，愿拜内之于王[⑤]，唯王才之[⑥]。"赵王喜，召平阳君而告之曰[⑦]："韩不能守上党，且以与秦，其吏民不欲为秦而皆愿为赵。今冯亭令使者以与寡人，何如？"赵豹对曰："臣闻圣人甚祸无故之利[⑧]。"王曰："人怀吾义，何谓无故乎？"对曰："秦蚕食韩氏之地，中绝不令相通，故自以为坐受上党也。且夫韩之所以内赵者，欲嫁其祸也。秦被其劳而赵受其利[⑨]，虽强大不能得之于小弱，而小弱顾能得之强大乎[⑩]？今王取之，可谓有故乎？且秦以牛田、水通粮，其死士皆列之于上地[⑪]，令严政行，不可与战。王自图之。"王大怒曰："夫用百万之众，攻战逾年历岁，未得一城也。今不用兵而得城十七，何故不为？"赵豹出。

王召赵胜、赵禹而告之曰[⑫]："韩不能守上党，今其守以与寡人，有城市之邑十七。"二人对曰："用兵逾年，未得一城，今坐而得城，此大利也。”乃使赵胜往受地。

赵胜至曰：“敝邑之王使使者臣胜，太守有诏，使臣胜谓曰：‘请以三万户之都封太守，千户封县令，诸吏皆益爵三级，民能相集者⑬，赐家六金。’”冯亭垂涕而勉曰⑭：“是吾处三不义也：为主守地而不能死，而以与人，不义一也；主内之秦，不顺主命，不义二也；卖主之地而食之，不义三也。”辞封而入韩，谓韩王曰：“赵闻韩不能守上党，今发兵已取之矣。”韩告秦曰：“赵起兵取上党。”秦王怒⑮，令公孙起、王龁以兵遇赵于长平⑯。

（《赵策一》）

【注释】

①冯亭：韩国的上党太守。

②赵王：赵孝成王，名丹，赵惠文王子，前265—前245年在位。

③上党：韩郡名，在今山西沁河以东一带。

④为：给与，归附。

⑤内：同“纳”，下同。

⑥才：同“裁”，裁度，裁定。

⑦平阳君：赵豹，赵惠文王同母弟。

⑧祸：以……为祸。　故：理由。

⑨被：遭受。　劳：劳累。

⑩顾：岂，难道。

⑪死士：敢死之士。

⑫赵胜、赵禹：皆赵国大臣。赵胜即平原君，为赵相，封于东武城（今山东武城西北）。

⑬集：和睦，安定。

⑭勉：同“俛”，即俯。

⑮秦王：秦昭王。

⑯公孙起、王龁（qí）：皆秦将。公孙起即白起，郿（méi）（今陕西眉县）人，以善于用兵著称。　长平：赵邑，在今山西高平西北。

【译文】

（秦国攻打韩国）冯亭防守了三十天，暗中派人对赵王说：“韩国守不住上党，将要割给秦国，它的百姓都不想做秦民而愿做赵民，如今有十七座城邑，愿敬献给大王，请大王考虑吧。”赵王心里高兴，召见平阳君并对他说：“韩国守不住上党，将割给秦国，它的官吏和百姓都不愿做秦民而愿做赵民。如今冯亭派使者献给我，怎么样？”赵豹回答说：“我听说圣人认为无故得利将带来大祸。”赵王说：“别人倾慕我的德义，怎么说是无故呢？”答说：“秦国蚕食韩国的土地，从中切断使它不能相通，所以自认为可以安坐而得上党啊。况且韩国之所以把地献给赵国，是想把祸患转嫁给赵国啊。秦国遭受劳苦，而赵国得到利益，即使是强大者都不可能从小弱者手中得到，哪里有小弱者反从强大者手中得到的可能呢？如今大王取得它，可以说是有理由吗？况且秦国用牛耕田，用水道通运粮食，它的敢死之士都得到了上等的土地，法令严格而政令贯彻，不能和它交锋。大王好好考虑吧。”赵王非常生气地说：“动用百万大军，连续几年作战，没有得到一城。如今不用兵就可得到城池十七座，为什么不这样做？”赵豹就退下了。

赵王召见赵胜、赵禹，对他们说：“韩国守不住上党，如今它的太守献给我，共有十七座城邑。”二人回答说：“连年用兵，没有得到一座城，如今安坐就能得城，这可是十分有利的事啊！”于是派赵胜去接受土地。

赵胜到后宣告说："敝国的国王有诏派使者臣胜告诉太守说：'如今拿三万家的大城封赐给太守，千家的城封赐给县令，一般官吏加爵三级，百姓能够相安的，每家赐给六金。'"冯亭流泪低着头说："这样我就会处在三不义的境地啊。为君主守地而不能牺牲，反献给旁人，这是一不义；君主已割给秦国，不听主子的命令，这是二不义；卖掉主子的土地而自己得到封邑，这是三不义啊。"辞去封赏而进入韩国，对韩王说："赵国听说韩国无力防守上党，如今已发兵把它占领了。"韩国告诉秦国说："赵国已派兵攻取了上党。"秦王发怒，派白起、王龁领兵至长平和赵军对阵。

扩展阅读

太史公曰：平原君，翩翩浊世之佳公子也，然未睹大体。鄙语曰："利令智昏。"平原君贪冯亭邪说，使赵陷长平兵四十余万众，邯郸几亡。

（《史记·平原君虞卿列传》）

【译文】

太史公说：平原君可算是风度翩翩的浊世佳公子啊，但是他不识大局。俗话说："贪利使头脑昏聩。"平原君欣赏冯亭的错误说法，使赵国在长平折损了四十多万人马，邯郸也几乎丢掉。

点　评

世间有不少上当受骗的人，究其根源，常常是由于"利令智昏"，贪图小利，终致吃了大亏。天上不会掉馅饼，妄想发横财的人，就是骗子的最佳猎物。

江湖骗术，层出不穷。商海波涛，惊心骇目，随时有覆舟之患。假信息、假广告、假证件、假身份，都是一个个陷阱。擦亮眼睛，辨别真假。不相信甜言蜜语，不贪小利，任对方诡变百端，都将无缝可入。

赵武灵王胡服骑射

（赵武灵王胡服骑射以教百姓）赵造谏曰[1]：“隐忠不竭，奸之属也[2]。以私诬国[3]，贼之类也[4]。犯奸者身死，贼国者族宗[5]。此两者，先圣之明刑[6]，臣下之大罪也。臣虽愚，愿尽其忠，无遁其死[7]。”王曰[8]：“竭意不讳，忠也。上无蔽言，明也。忠不辟危[9]，明不距人[10]，子其言乎！”

赵造曰：“臣闻之：‘圣人不易民而教[11]，知者不变俗而动[12]。’因民而教者，不劳而成功；据俗而动者，虑径而易见也[13]。今王易初不循俗[14]，胡服不顾世，非所以教民而成礼也。且服奇者志淫[15]，俗辟者乱民[16]。是以莅国者不袭奇辟之服[17]，中国不近蛮夷之行，所以教民而成礼者也。且循法无过，修礼无邪，臣愿王之图之。”

王曰：“古今不同俗，何古之法[18]？帝王不相袭，何礼之循？宓戏、神农教而不诛[19]，黄帝、尧、舜诛而不怒[20]。及至三王，观时而制法，因事而制礼，法度制令，各顺其宜；衣服器械，各便其用。故礼世不必一道[21]，便国不必法古。圣人之兴也，不相袭而王；夏、殷之衰也，不易礼而灭。

然则反古未可非，而循礼未足多也[22]。且服奇而志淫，是邹、鲁无奇行也[23]；俗辟而民易[24]，是吴、越无俊民也[25]。是以圣人利身之谓服，便事之谓教，进退之谓节，衣服之制，所以齐常民[26]，非所以论贤者也[27]。故圣与俗流，贤与变俱。谚曰：'以书为御者，不尽于马之情[28]；以古制今者，不达于事之变。'故循法之功不足以高世，法古之学不足以制今，子其勿反也[29]。"

（《赵策二》）

【注释】

①赵造：赵臣。

②奸：邪恶、狡诈。　属：类。

③私：私心。　诬：欺骗。

④贼：邪恶，不正派。

⑤贼：危害。　族宗：灭族。族，灭族；宗，宗族。

⑥明刑：有明文规定的刑罚。

⑦无遁：不避。　遁，逃避。

⑧王：指赵武灵王，名雍，赵肃侯之子，前 325—前 299 年在位。

⑨辟：同“避”，躲避。

⑩距：通“拒”，拒绝。

⑪易民：改变民意。

⑫动：行动，为实现某种意图而活动。

⑬虑径：谋划问题简捷方便。径，直截了当。　易见：容易见到功效。

⑭易初：改变原来的服饰。

⑮服奇：服饰奇特。　志淫：心思不正。淫，邪恶。

⑯辟：同“僻”，怪僻，奇特。

⑰莅国者：做国君的人。　袭：穿（衣）。

⑱法：效法。

⑲宓戏、神农：都是传说中的圣王，据说伏羲（即宓戏）教民畜牧，神农教民耕种，不用刑罚，这就是所谓“教而不诛”。

⑳黄帝、尧、舜诛而不怒：黄帝、尧、舜都是传说中的古帝，据说他们虽然用兵诛乱，但仍以教化为主，所以说是“诛而不怒”。不怒，指有节制。

㉑道：方法。

㉒多：称赞。

㉓邹、鲁：古国名，均在今山东境内，是礼教最早发达的地方。　奇行（xìng）：品行优异、杰出的人。

㉔易：简慢，不庄重。

㉕吴、越：古国名，在今江苏、浙江境，据说它们的百姓“断发文身”，和中原的习俗不同。　俊民：杰出的人才。

㉖齐：整齐、划一。　常民：普通百姓。

㉗论：评论、衡量。

㉘御：驾车。　情：实际情况。

㉙反：违背、违反。

【译文】

（赵武灵王以胡服骑射来教导百姓）赵造规劝道："藏住忠心不说，属于奸邪之类。因私心而误国，属于贼害之类。犯奸的应处死，害国的应灭族。这两种，是先王明确的刑罚，是臣子的大罪啊。我虽然愚钝，愿尽忠心，不敢逃避死罪。"武灵王说："畅所欲言，不加避讳，这是忠臣啊。君主不阻拦臣下发表意见，这是明君啊。忠臣不避危险，明君不拒绝别人提意见，你就说吧。"

赵造说："我听说：'圣人不改变民意而进行教诲，聪明的人不改变习俗而行动。'顺着民心去教诲，不烦劳而可获得成功；依着习俗而行动的，轻车熟路，非常方便。现在大王改变原有的做法，不按习俗办事，改穿胡服而不顾社会上的议论，这可不是教导百姓遵守礼制啊。况且服装奇异的人，心意就放荡，习俗怪僻的地方，往往民心混乱。所以治理国家的人不穿怪僻的服装，中原地区不仿效蛮夷的不开化行为，因为这是教导人们遵守礼制啊。并且遵循原有办法，没有什么过错，奉行传统制度，不会偏离正道，我希望大王好好考虑吧。"

武灵王说："古今的习俗本不相同，为什么要效法古代？历代帝王互不相袭，为什么要遵循古代的礼制？伏羲、神农时代，只教化而不用刑罚，黄帝、尧、舜时代，虽用刑罚而不愤怒。夏、商、周三代的圣王，都是观察社会现实而制定法令，法令制度都顺应潮流，衣服器械都使用方便。所以说，治理国家不一定只用一种方法，只要对国家有利就不必效法古代。圣人的兴起，不承袭前代而兴旺；夏、商的衰败，因不变更制度而灭亡。可见反对古来旧俗的，不应受到非议；而遵循旧制的人，也就不值得赞许了。再说如果服装特殊就会思想放荡，那么服饰正统的邹、鲁两国，就应该没有不正的行为了；如果风俗怪僻的地方，百姓就会变坏，那么风俗特殊的吴、越地区，就该没有杰出的人才了。所以圣人认为，凡是适合穿着的，就是好服装；凡是便于办事的，就是好规章。关于送往迎来的礼节，衣服的样式，是使百姓们整齐划一的，而不是用来评论贤能的人的。所以圣人能随着风俗而变化，贤人能随社会变化而前进。谚语说：‘照书本来驾车的人，不能通晓马的习性；用老办法来对付现代的人，不懂社会的变化。’所以遵循旧制的做法不会建立盖世的功勋；尊崇古代的理论不能治理当代，希望你不要再说反对胡服的话了吧！”

扩展阅读

公孙鞅曰[①]：“臣闻之，‘疑行无名，疑事无功’，君亟定变法之虑[②]，殆无顾天下之议之也。……法者所以爱民也，礼者所以便事也。是以圣人苟可以强国，不法其故；苟可以利民，不循其礼。”

（《商君书·更法》）

【注释】

①公孙鞅，即商鞅，又称卫鞅，战国时卫人，他由魏入秦，辅佐秦孝公变法。

②君：即秦孝公，战国时秦国国君，名渠梁，秦献公之子，前 361—前 338 年在位。他下令求贤，公孙鞅闻令入秦。

【译文】

公孙鞅说：“我听说，‘行动迟疑就不能立名，做事犹豫就不能立功’，您赶快作出变法的决定，不要再顾忌天下人的议论吧。……法制是用来爱民的，礼制是便于办事的。所以圣人看来，只要可以强国，不必遵守老规矩；假如可以对百姓有利，不必沿用旧制度。”

点评

历史的车轮滚滚向前，旧事物不断被新事物所取代。新生事物摧枯拉朽，具有强大的生命力；旧事物日薄西山，必将让位。

一个时代有一个时代需要解决的问题。时代呼唤英雄，英雄也就应运而生。认清发展趋势，投身改革洪流，与时俱进，开拓创新，只有这样，才有光明的前途。时代的巨轮不可阻挡，顺之者生存，逆之者碰壁，我们每个人都将在改革的浪潮中作出自己的抉择。

乐毅为赵画易地之策

齐破燕[1]，赵欲存之。乐毅谓赵王曰[2]：“今无约而攻齐，齐必仇赵，不如请以河东易燕地于齐[3]。赵有河北[4]，齐有河东，燕、赵必不争矣[5]，是二国亲也。以河东之地强齐，以燕、以赵辅之，天下憎之，必皆事王以伐齐，是因天下以破齐也[6]。”王曰：“善。”乃以河东易齐，楚、魏憎之，令淖滑、惠施之赵[7]，请伐齐而存燕。

（《赵策三》）

【注释】

①齐破燕：前312年，齐宣王乘燕国内乱，出兵攻燕，五十天就攻破燕国。

②乐毅：灵寿（今河北灵寿西北）人。魏将乐羊后代，时为赵臣。　赵王：指赵武灵王。

③河东：今河北清河一带，靠近齐国。

④河北：今河南密县等地。

⑤燕：当作“齐”。

⑥因：依靠，凭借。

⑦淖滑：楚臣。　惠施：魏相。

【译文】

齐国攻破燕国，赵国想保存它。乐毅对赵王说："如今没有约结同盟而单独攻齐，齐必恨赵，不如提出用河东的地方和齐国交换燕国的土地。赵有河北的地方，齐有河东的地方，齐、赵必然没有争端了，两国就会互相亲善。用河东的地方使齐国强大，用燕国和赵国辅佐它，各国憎恨它，一定会事奉大王共同伐齐，这就是联络各国共同破齐啊！"赵王说："好。"就用河东地和齐国交换，楚、魏两国憎恨它，楚派淖滑，魏派惠施来到赵国，请求共同攻齐，使燕保存下来。

扩展阅读

齐人伐燕，取之，诸侯将谋救燕。宣王曰[①]："诸侯多谋伐寡人者，何以待之？"孟子对曰："……今燕虐其民，王往而征之，民以为将拯己于水火之中也，箪食壶浆[②]，以迎王师。若杀其父兄，系累其子弟，毁其宗庙，迁其重器，如之何其可也？……"

（《孟子·梁惠王下》）

【注释】

①宣王：即齐宣王，战国时齐国国君，田氏，名辟彊（qiáng），前319—前301年在位。

②箪（dān）食（sì）壶浆：箪，古代盛饭的圆形竹器。百姓用箪盛饭，用壶盛汤来欢迎他们爱戴的军队。

【译文】

齐国攻下了燕国，并占有了它。各国打算出兵救燕。齐宣王问道："各国打算攻打我，该怎么样对付他们？"孟子回答说："……如今燕国虐待它的百姓，大王前往讨伐它，百姓们认为是把他们从水深火热中拯救出来，用竹筐盛上饭，用壶盛上酒浆，来欢迎大王的部队。要是杀死他们的父兄，捆绑上他们的子弟，毁掉他们祭祀祖先的宗庙，搬走他们的镇国宝器，那怎么可以呢？……”

点评

邻居应该出入相友，守望相助，邻人有困难决不能坐视不理。

齐人取燕，战火延烧到了赵国门口，再不加以援手，将把自己置于危险的境地。赵国筹划救燕，势在必行。战国七雄之间，大体维持着一种均势，互相联系而又互相牵制，所以能保持平衡。齐国吞燕，兼有两大国的土地和资源，东方各国间的均势遭到破坏，各国诸侯都要起而自救，共同把矛头对准齐国。救燕国也就是救自己，齐国成为众矢之的是必然的。

虞卿阻割六城与秦

秦攻赵于长平，大破之[①]，引兵而归[②]。因使人索六城于赵而讲[③]。赵计未定。楼缓新从秦来[④]，赵王与楼缓计之曰[⑤]："与秦城何如？不与何如？"楼缓辞让曰："此非臣之所能知也。"王曰："虽然，试言公之私。"楼缓曰："……今臣新从秦来，而言勿与，则非计也；言与之，则恐王以臣之为秦也。故不敢对。使臣得为王计之，不如予之。"王曰："诺。"

虞卿闻之[⑥]，入见王，王以楼缓言告之。虞卿曰："此饰说也[⑦]。"王曰："何谓也？"虞卿曰："秦之攻赵也，倦而归乎？王以其力尚能进，爱王而不攻乎？"王曰："秦之攻我也，不遗余力矣，必以倦而归也。"虞卿曰："秦以其力攻其所不能取，倦而归。王又以其力之所不能取以资之，是助秦自攻也。来年秦复攻王，王无以救矣。"

王又以虞卿之言告楼缓。楼缓曰："虞卿能尽知秦力之所至乎？诚知秦力之不至此，弹丸之地，犹不予也，令秦来年复攻王[⑧]，得无割其内而媾乎[⑨]？"王曰："诚听子割矣，子能必来年秦之不复攻我乎？”楼缓对曰：“此非臣之所敢任也[10]。……”

王以楼缓之言告虞卿。虞卿曰：“……来年秦复求割地，王将予之乎？不与，则是弃前功而挑秦祸也；与之，则无地而给之。……今坐而听秦，秦兵不敝而多得地[11]，是强秦而弱赵也。以益愈强之秦，而割愈弱之赵，其计固不止矣。……王必勿予。”王曰：“诺。”……因发虞卿东见齐王[12]，与之谋秦。

虞卿未反[13]，秦之使者已在赵矣。楼缓闻之，逃去。

（《赵策三》）

【注释】

①秦攻赵于长平，大破之：前260年，秦、赵在长平大战，秦将白起坑杀赵降卒四十多万人。长平，赵邑，在今山西高平西北。

②引兵而归：秦相范雎嫉妒白起的功劳，下令召他回国。

③索：求取。　讲：和解。

④楼缓：赵人，仕于秦，此时为秦做说客。

⑤赵王：即赵孝成王，名丹，前265—前245年在位。

⑥虞卿：赵臣，姓虞，名已失传。

⑦饰说：用巧辩来掩饰真情的话。

⑧令：假使。

⑨得无：莫非，是不是。　内：内地。　媾：讲和。

⑩任：担保。

⑪敝：疲惫，衰败。

⑫发：派遣。　齐王：指齐王建，前264—前221年在位。
⑬反：同“返”。

【译文】

秦国在长平和赵国决战，大败赵军，随即撤军。接着派使者到赵国索要六座城邑作为讲和条件。赵国还未拿定主意。楼缓刚从秦国前来，赵王和楼缓商量道：“把城割给秦国好呢还是不割的好？”楼缓推辞说：“这不是我所能知道的。”赵王说：“话虽如此，你还是谈谈个人的看法吧。”楼缓说：“……如今我刚从秦国来，要是说不割城吧，那不是好办法；要是说割城吧，恐怕大王又认为我是在替秦国说话。所以不敢回答。如果我可以为大王考虑的话，不如把城割给秦国。”赵王说：“好。”

虞卿听说这件事，上朝去见赵王。赵王把楼缓的话告诉虞卿。虞卿说：“这是骗人的话啊。”赵王说：“怎么见得呢？”虞卿说：“秦国这次攻打赵国，是因为疲惫而退兵呢？或是大王认为他们还有力量进攻，只是因为怜恤大王才停止进攻呢？”赵王说：“秦国攻打我们，已经不遗余力了，一定是因为疲惫不堪才撤军的。”虞卿说：“秦国用他们的兵力攻打他们得不到的地方，因疲惫而撤军。大王却拿他们用兵力攻不下来的地方去资助他们，这是帮助秦国攻打我们自己啊。明年秦国再进攻大王，大王就没有办法自救了。”

赵王又把虞卿的话告诉楼缓，楼缓说：“虞卿能了解秦国兵力能打到哪里吗？如果他确实并不知道秦军能打到哪里，这点弹丸之地也不肯给，假如秦国明年再来攻打大王，大王能够不割内地去求和吗？”赵王说：“假如听你的意见割地了，你能保证明年秦国不再来攻打我国吗？”楼缓说：“这就是我所不敢担保的了。……”

赵王又把楼缓的话告诉虞卿。虞卿说：“……明年秦国再要求割地，大王割还是不割呢？不给吧，就会前功尽弃而挑起秦国进攻的祸端；给吧，就已经无地可割了。……如今束手听任秦国的摆布，秦兵不受损耗就得到大量土地，这是增强秦国而削弱赵国啊。以更加强大的秦国，来宰割愈加弱小的赵国，他们的要求一定是没有止境的。……大王一定不要割地给秦。”赵王说：“好。”……于是派虞卿到东方去见齐王，和他商量对付秦国的策略。

虞卿还没有从齐国返回，秦国派来议和的使者就已到了赵国。楼缓听到这个消息，就连忙逃走了。

扩展阅读

虞卿者，游说之士也，蹑跻担簦[①]，说赵孝成王。一见，赐黄金百镒，白璧一双，再见，为赵上卿[②]，故号为虞卿。……虞卿料事揣情，为赵画策，何其工也。

（《史记·平原君虞卿列传》）

【注释】

①跻（juē）：草鞋。　簦（dēng）：古代一种有柄的笠，类似后代的伞。

②上卿：最高的职位。

【译文】

虞卿是游说的策士，穿着草鞋，拿着斗笠，游说赵孝成王。首次见面，被赐予黄金百镒，再见就担任了赵国的上卿，所以称为虞卿。……虞卿预料事态，估计形势，为赵国出谋划策，是那样的高明啊。

点 评

楼缓为秦国游说，想让赵王拱手献上秦军在战场上得不到的东西，可谓机关算尽。虞卿的驳议，捍卫赵国的领土完整，义正辞严，铿锵有力，终于说服了赵王，拒绝割地。交涉失败的楼缓，只好灰溜溜地逃走。

骗言欺人，经不起检验。骗子的鬼话，决不能取信于人。

鲁仲连义不帝秦

秦围赵之邯郸，……此时鲁仲连适游赵[1]，会秦围赵[2]。闻魏将欲令赵尊秦为帝，乃见平原君曰："事将奈何矣？"平原君曰："胜也何敢言事[3]！百万之众折于外[4]，今又内围邯郸而不能去。魏王使将军辛垣衍令赵帝秦[5]，今其人在是，胜也何敢言事！"鲁连曰："始吾以君为天下之贤公子也，吾乃今然后知君非天下之贤公子也。梁客辛垣衍安在？吾请为君责而归之。"……

鲁连见辛垣衍而无言。辛垣衍曰："吾视居此围城之中者，皆有求于平原君者也。今吾视先生之玉貌，非有求于平原君者，曷为久居此围城之中而不去也？"

鲁连曰："……彼秦者，弃礼义而上首功之国也[6]。权使其士[7]，虏使其民[8]。彼则肆然而为帝[9]，过而遂正于天下[10]，则连有赴东海而死矣，吾不忍为之民也！……

"且秦无已而帝，则且变易诸侯之大臣[11]。彼将夺其所谓不肖，而予其所谓贤；夺其所憎，而与其所爱。彼又将使其子女谗妾为诸侯妃姬[12]，处梁之宫，梁王安得晏然而已乎[13]？而将军又何以得故宠乎？"

于是，辛垣衍起，再拜，谢曰："始以先生为庸人，吾乃今日而知先生为天下之士也。吾请去，不敢复言帝秦。"

秦将闻之，为却军五十里[14]。适会魏公子无忌夺晋鄙军以救赵击秦[15]，秦军引而去。于是平原君欲封鲁仲连。鲁仲连辞让者三，终不肯受。平原君乃置酒，酒酣，起，前，以千金为鲁连寿。鲁连笑曰："所贵于天下之士者，为人排患、释难、解纷乱而无所取也。即有所取者[16]，是商贾之人也，仲连不忍为也。”遂辞平原君而去，终身不复见。

（《赵策三》）

【注释】

①鲁仲连：齐人。善于计谋划策，常周游各国，排解纠纷。 适：恰巧，正好。

②会：正好赶上、恰巧碰上。

③胜：平原君自称其名。

④折：损失。

⑤魏王：魏安釐（xī）王，名圉（yǔ），前276—前243年在位。 辛垣衍：他国人，在魏任将军。

⑥上：通“尚”，崇尚。 首功：以作战斩首多少来计功。

⑦权：威势。

⑧虏：奴隶。

⑨则：假如，如果。 肆然：肆无忌惮地。

⑩正：同“政”，为政。

⑪变易：撤换。

⑫谗妾：善于毁贤嫉能的女人。

⑬晏然：平安地。

⑭却军：退兵。

⑮晋鄙：魏安釐王将。

⑯即：若，假如。

【译文】

秦军包围了赵国的都城邯郸，……这时鲁仲连恰好到赵国游历，碰上秦军围赵。他听说魏国打算让赵国尊秦为帝，就去见平原君道：“事情怎么样了？”平原君说：“我还能说什么呢！百万大军在外受到损失，现在秦军深入，包围邯郸而无法使他们退兵。魏王派将军辛垣衍令赵国尊秦为帝，现在这个人正在这里，我还能说什么呢！”鲁仲连说：“早先我把您看作是天下顶尖的贤公子，如今我才发现您不是这样的人啊。魏国客人辛垣衍在哪里？我愿为您责备他并打发他回去。”……

鲁仲连见到辛垣衍后一言不发。辛垣衍说：“我看留在这座围城中的人，都是有求于平原君的。如今我看先生的神采，不像是有求于平原君的人，为什么老留在这座围城中而不走呢？”

鲁仲连说：“……那秦国是个不讲礼义而以杀人为荣的国家，它用权术对待士人，像对待奴隶那样地役使百姓。它如果放肆地称帝，甚至进一步对天下发号施令，那么我鲁仲连只好跳东海自杀了。我是绝不肯做它的子民的！……

“再说秦国的野心没有止境，一旦称帝，就将对诸侯的大臣进行变动。它将撤掉他们认为不好的人，而提拔他们认为能干的人；撤去他们所厌恶的人，任用他们所喜欢的人。还会把秦国的女子、说坏话的女人嫁给诸侯们做姬妾，住进魏王的宫里，魏王哪能安宁度日呢？而将军又怎能得到原有的宠幸呢？”

于是辛垣衍起身，拜了两拜，并赔不是说：“起初我认为先生是个平庸的人，到今天才知道先生是天下少有的高士啊。请让我告辞，今后我再不敢说尊秦为帝的话了。”

秦军将领听说此事后，为此退兵五十里。恰好正赶上魏公子无忌夺取了晋鄙指挥的军队来救赵，抗击秦军，秦军就撤退回国了。于是平原君准备封赏鲁仲连。鲁仲连再三推辞，坚决不肯接受。平原君就设宴招待他，酒正喝得高兴，平原君起身向前，奉上千金为鲁仲连祝福。鲁仲连笑着说：“我所以受到天下贤士的尊重，就在于为人排难解纷而不要任何报酬。如果有所索取，那就成为商人一样的人了，我可不愿这样做啊。”于是就告别平原君而去，从此以后再没有见过面。

扩展阅读

按仲连所言，不过论帝秦之利害耳，使新垣衍惭怍而去则有之[①]，秦将何预而退军五十里乎？此亦游谈者之夸大也。

（《资治通鉴考异》）

【注释】

①新垣衍：即辛垣衍。

【译文】

鲁仲连所说的话，不过是分析尊秦为帝的利害而已，使新垣衍惭愧而去的事是有的，和秦将有何关系，他为什么退军五十里呢？这是由于游说之士的夸大啊！

点 评

看多了那些朝秦暮楚、狡诈无赖的说客行径，再读鲁仲连义不帝秦的故事，真好像在大热天喝了一碗冰水，顿觉周身爽快。

世上的人品类不齐，行为千差万别，大体说来，不外两种：一种是鸡鸣而起，孜孜为利；一种是“义”字当头，为他人，为社会，为正义而献身。有的人平常也装模做样，俨然是个正面人物，可一到紧要关头，却往往为了一点小利，什么都可以出卖，甚至置国家荣誉于不顾，出卖自己的灵魂。反观英雄的行为，看似寻常，其实不是一朝一夕之故，是长期的修养积累而成。鲁仲连的豪语，句句发自肺腑，是他思想境界的自然流露。他高风亮节，大义凛然，赢得了后代许多诗人的热情歌颂。

苏秦说齐王攻宋

齐将攻宋而秦阴禁之[1]。齐因欲与赵[2]，赵不听。齐乃令苏秦说李兑以攻宋而定封焉[3]。

苏秦乃谓齐王曰[4]："臣之所以坚三晋以攻秦者[5]，非以为齐得利秦之毁也，欲以便攻宋也。而宋置太子以为王，下亲其上而守坚，臣是以欲足下之速归休士民也。今太子走，诸善太子者皆有死心，若复攻之，其国必有乱，而太子在外，此亦举宋之时也[6]。

"臣为足下说奉阳君曰：'君之身老矣，封不可不早定也。为君虑封，莫若于宋，他国莫可。夫秦人贪，韩、魏危，燕、楚辟[7]，中山之地薄[8]，莫如于陶[9]。失今之时，不可复得已。宋之罪重，齐之怒深，残乱宋[10]，德大齐，定身封，此百代之一时也以。'奉阳君甚食之[11]。虽得大封，齐无大异。

"臣愿足下之大发攻宋之举，而无庸致兵[12]，以观奉阳君之应足下也。悬陶以甘之，循有燕以临之[13]，而臣待忠之封，事必大成。臣又愿足下有地效于襄安君以资臣也[14]。足下果残宋，此两地之封也，足下何爱焉[15]？若足下不得志于宋，与国何敢望也[16]。足下以此资臣也，臣循燕观赵，则足下击溃而决天下矣。”

（《赵策四》）

【注释】

①阴：暗中。

②与：亲近，联合。

③李兑：赵国大臣，封奉阳君，时任赵相。 宋：战国时的中等国家，都彭城（今江苏徐州）。 定封：确定封地。

④齐王：指齐闵王。

⑤三晋：韩、赵、魏三国。

⑥举：攻占，占领。

⑦辟：同“僻”，偏僻。

⑧中山：战国时的中等国家。晚期都灵寿（今河北平山东北）。 薄：土地贫瘠。

⑨陶：齐邑。在今山东定陶西北。

⑩残：摧毁，毁灭。

⑪食：接受，采纳。

⑫无庸：不用。 致：招来。

⑬临：监视。

⑭襄安君：燕国公子，这时在齐国做人质。

⑮爱：吝啬，舍不得。

⑯与国：同盟国，此指燕、赵。此处指奉阳君和襄安君。

【译文】

齐国打算进攻宋国而秦国暗中阻止它。齐国因此想拉拢赵国，可赵国不同意。齐国就派苏秦游说李兑赞成攻宋以便确定他的封地。

苏秦就对齐王说："我之所以使三晋坚定地攻打秦国，并不是认为齐国可在秦国失败中得到什么好处，是想这样可以便于攻打宋国啊。宋国让太子登上王位，百姓们支持新国王而防守坚固，我因此想让您迅速撤军回国休整。如今宋太子出走，支持太子的人都感到灰心，如果再去攻打它，它的国内必会出现混乱，而太子身在国外，这正是拿下宋国的好时机啊。

"我已经替您游说奉阳君道：'您的年纪老了，封地不能不早些定下来。为您考虑封地，不如在宋国，别国都不行。那秦国人贪心，韩、魏危险，燕、楚偏僻，中山的土地贫瘠，不如定在陶邑，失掉现在的时机，就再不能得到了。宋国的罪恶重，齐国的怒气深，攻打无道的宋国，讨好强大的齐国，决定自己的封邑，这是百代难逢的机会啊。'奉阳君听得很高兴。他虽得到一个大封邑，对齐国没有多大影响。

"我希望您大举攻打宋国，不必等待赵军的支援，看奉阳君是怎样响应您的。把陶给他，让他尝到甜头，加上有顺从齐国的燕国来威慑他，我又用封邑来对他表示效忠，事情定能获得成功。我又希望您有地方给予襄安君以协助我工作。您果真能攻下宋国，拿两个地方作别人的封邑，您又有什么值得吝惜的呢？如果您取宋的意图不能实现，同盟的各国也就没有什么指望了。我用您给的这两个封邑来使燕国循事，让赵国旁观，那么您就可以击溃宋国而宰割天下了。"

扩展阅读

苏秦详为得罪于燕而亡走齐①，齐宣王以为客卿，齐宣王卒，湣王即位。说湣王厚葬以明孝，高宫室、大苑囿以明得意，欲破敝齐而为燕。

（《史记·苏秦列传》）

【注释】

①详：通“佯”。

【译文】

苏秦假装在燕国犯了罪而逃亡到齐国，齐宣王任他做客卿。齐宣王死，湣王（即齐闵王）即位。苏秦劝说湣王厚葬以表示孝道，高筑宫室、扩大游猎的苑囿以表示得意，想使齐国疲敝，为燕国攻齐造成机会。

点评

在国际上出现富于侵略野心的国家，不免使各国都感到头痛，它的出现，就像是一股祸水，会威胁到周边的各国。

水是没有定形的，是可以自由流动的。在东方决一个口，它就会流向东；在西方决一个口，它就会流向西。可以通过人为的努力，控制它的走向。

战国晚期的齐闵王就是一股祸水，它攻秦、击楚、破燕，威胁到各国安全。燕昭王派苏秦到齐国卧底，劝说齐闵王攻宋，就是为了把齐国这股祸水引向南方，消耗它的力量，以便伺机出击，报齐国破燕之仇。苏秦的一切活动都围绕这一目标进行，劝李兑支持齐国攻宋而决定陶邑之封，就是其中的一着棋子。

面对强敌，如何把祸水引到别的地方，使自己避开凶锋，这是一个值得重视的历史经验。

触龙说赵太后

赵太后新用事[①]，秦急攻之。赵氏求救于齐。齐曰："必以长安君为质[②]，兵乃出。"太后不肯，大臣强谏[③]。太后明谓左右："有复言令长安君为质者，老妇必唾其面。"

左师触龙言愿见太后[④]，太后盛气而胥之。入而徐趋[⑤]，至而自谢[⑥]，曰："老臣病足，曾不能疾走，不得见久矣。窃自恕，而恐太后玉体之有所郄也[⑦]，故愿望见太后。"太后曰："老妇恃辇而行[⑧]。"曰："日食饮得无衰乎？"曰："恃粥耳。"曰："老臣今者殊不欲食，乃自强步，日三四里，稍益嗜食，和于身也[⑨]。"太后曰："老妇不能。"太后之色少解。

左师公曰："老臣贱息舒祺[⑩]，最少，不肖。而臣衰，窃爱怜之，愿令得补黑衣之数[⑪]，以卫王宫，没死以闻[⑫]。"太后曰："敬诺。年几何矣？"对曰："十五岁矣。虽少，愿及未填沟壑而托之[⑬]。"太后曰："丈夫亦爱怜其少子乎？"对曰："甚于妇人。"太后笑曰："妇人异甚。"对曰："老臣窃以为媪之爱燕后贤于长安君[⑭]。"曰："君过矣，不若长安君之甚。”左师公曰：“父母之爱子，则为之计深远。媪之送燕后也，持其踵为之泣[15]，念悲其远也，亦哀之矣。已行，非弗思也，祭祀必祝之，祝曰：‘必勿使反。’岂非计久长，有子孙相继为王也哉！”太后曰：“然。”

左师公曰：“今三世以前，至于赵之为赵，赵主之子孙侯者，其继有在者乎？”曰：“无有。”曰：“微独赵，诸侯有在者乎？”曰：“老妇不闻也。”“此其近者祸及身，远者及其子孙。岂人主之子孙则必不善哉？位尊而无功，奉厚而无劳[16]，而挟重器多也[17]。今媪尊长安君之位，而封之以膏腴之地[18]，多予之重器，而不及今令有功于国，一旦山陵崩[19]，长安君何以自托于赵？老臣以媪为长安君计短也，故以为其爱不若燕后。”太后曰：“诺。恣君之所使之[20]。”于是为长安君约车百乘质于齐[21]，齐兵乃出。

子义闻之曰[22]："人主之子也，骨肉之亲也，犹不能恃无功之尊，无劳之奉，而守金玉之重也，而况人臣乎！"

（《赵策四》）

【注释】

①赵太后：赵孝成王母。　用事：执政。

②长安君：赵太后的幼子。长安是封号，不是地名。　质：人质。

③强（qiǎng）谏：极力权谏。

④左师触龙：左师，执政官。触龙，赵臣。

⑤徐趋：徐行，慢走。

⑥谢：告罪，道歉。

⑦郄（xì）：通"隙"。此指身体不适。

⑧辇：人拉的车。

⑨和：病愈。

⑩贱息：对人谦称自己的儿子。息，子。

⑪黑衣：卫士穿的衣服，此借指侍卫。

⑫没死：冒死罪。没，同"昧"。

⑬填沟壑：指死。

⑭媪：对老年妇女的敬称。　燕后：赵太后女，因嫁到燕国，故称燕后。

⑮踵：脚后跟。

⑯奉：同"俸"，俸禄。　劳：功劳。

⑰重器：指钟、鼎之类象征国家权力的贵重器物。

⑱膏腴：肥沃。

⑲山陵崩：国君或王后之死的讳称。

⑳恣：任凭。

㉑约车：备车，套车。

㉒子义：赵国的贤人。

【译文】

赵太后刚执政，秦军就猛烈攻打赵国。赵国向齐国求救。齐国说："定要用长安君做人质，才能发兵。"太后不同意，大臣们竭力劝说。太后向身边的人明确宣布："有谁再说让长安君做人质的，老婆子我一定向他的脸上吐唾沫。"

左师触龙说他愿意去进谏太后，太后气冲冲地等着他。他入宫时，小步移动示敬，到后致歉意，说："老臣的脚有毛病，所以不能快走，好久没有机会见面了。我私下原谅自己，又恐怕太后的身体不适，所以希望谒见太后。"太后说："老婆子行动靠车。"问说："每天饮食怕会有所减少吧？"答说："靠的是稀饭而已。"触龙说："老臣近些时候不思饮食，于是勉强步行，一天走三四里，逐渐想吃东西，使身子舒服了点。"太后说："老婆子办不到。"太后的脸色有所缓和。

左师公说："老臣的犬子舒祺，年纪最小，没有本领，而今我老了，心里很喜欢他。希望能让他补进黑衣侍卫的队伍里，保卫王宫，我冒着死罪提出这个意见。"太后说："非常同意。有多大年纪了？"答说："十五岁了。虽说年幼，希望在我死前能把他托付给人。"太后说："大丈夫也喜爱他的小儿子吗？"答说："超过妇人。"太后笑道："妇人爱小儿子可是特别厉害啊！"答说："老臣私心认为您老人家爱燕后超过了长安君。"太后说："您错了，比起爱长安君差得远。"左师公说："父母疼爱子女，为他们考虑得很深远。您老人家送燕后出嫁，临别登车，握住她的脚后跟哭泣，悲伤她的远去，也是感到伤心啊。她走后，不是不思念她，祭祀必为她祝福，祝告道：'一定别让她回来。'难道不是考虑长远，希望她的子孙世代继承王位吗？"太后说："是的。"

左师公说："从现在上推到三代以前，直到赵建国时，赵君的子孙做侯的，他的后嗣还有存在的吗？”答说：“没有。”又问：“不单是赵国，其他诸侯情况相同的还有存在的吗？”答说：“老婆子没有听说过。”触龙说：“这些人近的本身遭祸，远的子孙遭祸。难道君主的儿子做侯的就一定不好吗？因为他们地位高而并未建功，俸禄多而并无劳绩，并占有许多宝物啊。如今您老人家提高长安君的地位，把肥沃的地方封给他，给他很多宝物，不趁现在让他为国立功，一旦您不幸逝世，长安君怎么在赵国立足呢？老臣认为您老人家为长安君考虑得少，所以说您爱他比不上爱燕后。”太后说：“说的是。听凭你安排他吧。”于是替长安君准备了一百辆车子，让他到齐国做人质，齐国这才发兵。

子义听说这件事后说道：“国君的儿子，是国君的亲骨肉啊，尚且不能依靠无功而得来高位，无劳而得来俸禄，坐拥金玉等贵重财物，何况是做臣子的呢？”

扩展阅读

魏文侯问李克曰[①]：“……吾赏罚皆当而民不与，何也？”对曰：“国其有淫民乎？臣闻之曰：夺淫民之禄以来四方之士。其父有功而禄，其子无功而食之，出则乘车马，衣美裘，以为荣华，入则修竽瑟钟之声，而安其子女之乐，以乱乡曲之教，如此者，夺其禄以来四方之士，此之谓夺淫民也。”

（《说苑·政理》）

【注释】

①魏文侯：战国初魏国国君，名斯，前445—前396年在位。李克：魏国大臣，子夏弟子。

【译文】

魏文侯问李克道："……我的赏罚都恰当，百姓仍不拥护，这是为什么？"回答说："恐怕是国内有浮华的人吧？我听说过，要剥夺浮华的人的俸禄以招来四方的贤人。他的父亲因有功而得到俸禄，他的儿子没有功劳而仍然享受，出外就坐车马，穿上华丽的裘衣，显示高贵，回家就听乐器的鸣奏，安享女乐的侍奉，扰乱地方的教化，像这样的人，应剥夺他们的俸禄以招来四方的贤人，这就是对浮华的人施予剥夺啊！"

点评

父母都是疼爱子女的，父母和子女的亲情出自天性。但爱的方式有所不同。有的父母一味溺爱，让子女养尊处优，不劳而获。有的父母则重视从小就培养和锻炼子女，让他们独立自强，健康成长。无疑，后者才是正确的态度。

魏文侯与虞人期猎

文侯与虞人期猎[①]。是日饮酒乐，天雨。文侯将出，左右曰："今日饮酒乐，天又雨，公将焉之?"文侯曰："吾与虞人期猎，虽乐，岂可不一会期哉[②]！"乃往，身自罢之[③]。魏于是乎始强。

（《魏策一》）

【注释】

①文侯：指魏文侯。　虞人：管理山泽的小官。　期猎：约定打猎。

②会期：相会于预定日期。

③罢之：取消打猎的约定。

【译文】

魏文侯和虞人约定日期打猎。到了这天，喝酒兴致很高，天下着雨。文侯将要出行，身边的人说："今天酒喝得高兴，天又下雨，您准备到哪里去呢?"文侯说："我和虞人约定了打猎的日期，虽然高兴，怎能不如期相会呢!"就动身前往，亲自告诉他因雨停止打猎的事。魏国于是逐渐强大起来。

扩展阅读

曾子曰[①]："吾日三省吾身，为人谋而不忠乎？与朋友交而不信乎？传不习乎？"

（《论语·颜渊》）

【注释】

①曾子：孔子学生，名参（shēn），字子舆，南武城（今山东枣庄附近）人。

【译文】

曾子说："我每天多次反省自己，为别人办事尽心竭力了吗？和朋友交往讲诚信了吗？老师传授的知识复习了吗？"

点 评

守信是人与人交往的一个重要准则。

人和人相处，免不了要作出承诺，承担责任。俗话说"一言既出，驷马难追"，就是指的说话要算数。诚信的反面是欺骗，要是说话不兑现，就会像喊"狼来了"的小孩儿一样，最后吃亏的只能是说谎者。信守诺言，这是人与人、团体与团体乃至国与国之间必须遵守的游戏规则。要是不讲信用，社会靠什么来维系呢？

吴起与魏武侯论河山之险

魏武侯与诸大夫浮于西河[①]，称曰[②]：“河山之险，岂不亦信固哉！[③]”王错侍坐[④]，曰：“此晋国之所以强也[⑤]。若善修之，则霸王之业具矣。”吴起对曰[⑥]：“吾君之言，危国之道也；而子又附之，是重危也。”武侯忿然曰：“子之言有说乎？”

吴起对曰：“河山之险，不足保也[⑦]；伯王之业[⑧]，不从此也。昔者三苗之居[⑨]，左彭蠡之波[⑩]，右有洞庭之水[⑪]，文山在其北[⑫]，而衡山在其南[⑬]。恃此险也，为政不善，而禹放逐之[⑭]。夫夏桀之国[⑮]，左天门之阴[⑯]，而右天谿之阳[⑰]，庐、睪在其北[18]，伊、洛出其南[19]。有此险也，然为政不善，而汤伐之[20]。殷纣之国[21]，左孟门而右漳、釜[22]，前带河，后被山。有此险也，然为政不善，而武王伐之[23]。且君亲从臣而胜降城[24]，城非不高也，人民非不众也，然而可得并者，政恶故也。从是观之，地形险阻，奚足以霸王矣！”

武侯曰：“善。吾乃今日闻圣人之言也！西河之政，专委之子矣[25]。”

（《魏策一》）

【注释】

①魏武侯：名击，魏文侯之子，前395—前370年在位。西河：黄河流经魏国西部由北向南的一段。下文的“西河”是郡名，指今陕西东部黄河西岸地区。

②称：颂扬，赞叹。

③信：的确，实在。　固：稳固。

④王错：魏臣。

⑤晋国：指魏国。

⑥吴起：卫国人，战国时著名军事家和政治家，时仕魏。

⑦保：依靠。

⑧伯：通“霸”。

⑨三苗：古族名。

⑩彭蠡：古泽名，即今江西鄱阳湖。

⑪洞庭：湖名，在今湖南北部。

⑫文山：即岷山，在今四川松潘北，绵延于川、甘二省边境。

⑬衡山：古称南岳，在今湖南衡山西北。

⑭禹：夏代的王。

⑮夏桀：夏代的末代君主。
⑯天门：即天井关，在今山西晋城南。
⑰天谿（xī）：指黄河和济水。
⑱庐、睪（gāo）：山名，在今山西太原、交城一带。睪，通“皋”。
⑲伊、洛：二水名，均在今河南境内。
⑳汤：商朝的开国君主。
㉑殷纣：商朝的末代君主。
㉒孟门：太行山的隘口，在今河南修武北。 漳、釜：二水名。漳水在今河南、河北二省分界处。釜，通“滏”，即今河北南部的滏阳河。
㉓武王：指周武王，姬姓，名发，西周的开国君主。
㉔从：率领，带领。 降：降服，攻下。
㉕委：托付，委托。

【译文】

魏武侯和诸位大夫在西河乘船而下，他赞叹道：“河山如此险要，难道不真是坚不可摧吗？”王错陪坐在旁边，说：“这就是魏国所以强大的原因啊。如果好好地治理它，成就霸王之业的条件就具备了。”吴起接着说：“我们国君的话，把国家引向了危险的路，而您又附和他，这就更危险了。”武侯生气地说：“您这样说有什么理由吗？”

吴起回答说：“河山形势的险要，不能确保国家的安全；称霸称王的大业，也不是从这里产生的。从前三苗部落居住的地方，左边有彭蠡泽，右边有洞庭湖，文山在他们的北面，衡山在他们的南面。凭着这些险要，而政治不好，大禹就放逐了他们。那夏桀的国都，左有天门险关，右有黄河、济水，庐、睪二山在北，伊、洛二水在南。有这样险要的地势，但政治不好，商汤王就讨伐他。殷纣的都城，左有孟门山，右有漳、滏二水，它前临河，后靠山。尽管有这样险要的形势，但因政治腐败，所以周武王就攻灭了它。再说，您曾亲自和我一道迫使敌方的城邑投降，他们的城墙不是不高，百姓不是不多，但仍然可以加以吞并，就是因为他们政治糟糕啊。这样看来，地形险要怎么就能说足以称霸称王呢？”

魏武侯说：“说得好。我今天才算是听到了圣人的言论啊。西河郡的政务，就都交给你了。”

扩展阅读

孟子曰：“天时不如地利，地利不如人和。……城非不高也，池非不深也，兵革非不坚利也，米粟非不多也，委而去之，是地利不如人和也。”

（《孟子·公孙丑下》）

【译文】

孟子说：“天时比不上地利，地利比不上人和。……城墙不是不高，护城河不是不深，武器不是不精良，粮食不是不多，遇到敌人进攻，还是会弃城逃走，这就是地利比不上人和啊。”

点 评

作为一个国家，地形险要，有利于防守，但在战争进行时，就不能只考虑地理因素，而要分析战争的性质，看是正义战争还是非正义战争。得道者多助，失道者寡助，最后胜利总是归于正义的一方。

武器也罢，地形也罢，在为正义而战的人们看来，并不能起决定作用。如果政治混乱，虽有险要的地形，难逃失败。国家的统一，人民的团结，才是胜利的根本保证。

公叔痤荐公孙鞅

魏公叔痤病[①]，惠王往问之[②]，曰："公叔病，即不可讳[③]，将奈社稷何?"公叔痤对曰："痤有御庶子公孙鞅[④]，愿王以国事听之也；为弗能听，勿使出竟[⑤]。"王弗应，出而谓左右曰："岂不悲哉！以公叔之贤，而谓寡人必以国事听鞅，不亦悖乎[⑥]!"

公叔痤死，公孙鞅闻之，已葬，西之秦，孝公受而用之[⑦]。秦果日以强，魏日以削。此非公叔之悖也，惠王之悖也。悖者之患，固以不悖者为悖。

（《魏策一》）

【注释】

①公叔痤：魏相。

②惠王：即梁惠王，战国时魏国国君，名䓨（yīng），魏武侯子，前369—前319年在位。

③即：如果。　不可讳：死的婉称。

④公孙鞅：卫人，即商鞅，后入秦佐秦孝公变法。

⑤竟：同"境"。

⑥悖：惑乱，糊涂。

⑦孝公：即秦孝公，战国时秦国国君，名渠梁，前361—前338年在位。

【译文】

魏相公叔痤病重，惠王前去探视他，问道："公叔病重，如果不幸去世，国家怎么办？"公叔痤回答说："我有御庶子公孙鞅，希望大王把国家交给他处理；如果办不到，不要让他走出国境。"惠王没有说话，出去之后告诉身边的人说："真可悲啊！以公叔的贤能，而叫我把国政交给公孙鞅支配，岂不是昏聩吗！"

公叔痤去世了，公孙鞅听说这个消息，在下葬后，就向西去到秦国。秦孝公接纳并重用他。秦国果然一天天强大，魏国一天天削弱。这不是公叔的昏聩，而是惠王的昏聩啊！脑子昏聩的人的毛病，本是把不昏聩的人说成是昏聩。

扩展阅读

卫鞅伏甲士而袭虏魏公子卬[①]，因攻其军，尽破之，以归秦。魏惠王兵数破于齐、秦，国内空，日以削，恐，乃使使割河西之地献于秦以和，而魏遂去安邑[②]，徙都大梁[③]。梁惠王曰："寡人恨不用公叔座之言也[④]。"

（《史记·商君列传》）

【注释】

①卫鞅：即公孙鞅。　公子卬（áng）：魏将。

②安邑：魏旧都，在今山西夏县西北。

③大梁：魏新都，在今河南开封西北。

④公叔座：即公叔痤。

【译文】

卫鞅埋伏甲士袭击并俘虏了魏将公子卬，就攻打他的部队，将其全部击溃，带公子卬回到秦国。魏惠王的部队屡次被齐、秦两国打败，国内空虚，一天天削弱，心中恐惧，就派人把河西地区割给秦国而讲和。魏国就离开安邑，迁都到大梁。梁惠王说："我真后悔没有采纳公叔痤的意见。"

点评

魏国是战国初年最强的国家，到了魏惠王时，开始走下坡路，国势由盛转衰。魏惠王的失败，有多种因素，不用人才，排斥人才，逼使人才出走，是其中的重要因素。在遭受严重挫败之后，惠王说"恨不用公叔痤之言"，他是后悔没有任用公孙鞅，还是后悔没有杀掉公孙鞅呢？这可是费人猜想的悬念。

人才是国家的宝贵资源，魏惠王昏头昏脑，不辨黑白，放弃了公叔痤向他推荐的贤才公孙鞅，终于为此付出了丧师失地的惨痛代价。

惠施劝魏王朝齐

齐、魏战于马陵[①]，齐大胜魏，杀太子申，覆十万之军。魏王召惠施而告之曰[②]：“夫齐，寡人之仇也，怨之至死不忘，国虽小，吾常欲悉起兵而攻之，何如?”对曰：“不可。臣闻之，王者得度，而霸者知计。今王所以告臣者，疏于度而远于计[③]。王固先属怨于赵，而后与齐战。今战不胜，国无守战之备，王又欲悉起而攻齐，此非臣之所谓也。王若欲报齐乎，则不如因变服折节而朝齐[④]，楚王必怒矣[⑤]。王游人而合其斗[⑥]，则楚必伐齐，以休楚而伐罢齐[⑦]，则必为楚禽矣，是王以楚毁齐也。”魏王曰：“善。”乃使人报于齐，愿臣畜而朝[⑧]。田婴许诺。

张丑曰[⑨]：“不可。战不胜魏，而得朝礼，与魏和而下楚[⑩]，此可以大胜也。今战胜魏，覆十万之军而禽太子申，臣万乘之魏而卑秦、楚[⑪]，此其暴戾定矣。且楚王之为人也，好用兵而甚务名[⑫]，终为齐患者，必楚也。”田婴不听，遂内魏王[⑬]，而与之并朝齐侯再三[⑭]。赵氏丑之[⑮]。楚王怒，自将而伐齐，赵应之，大败齐于徐州[⑯]。

（《魏策二》）

【注释】

①马陵：今河北大名东南。

②魏王：指魏惠王。　惠施：魏相。

③疏：远离。　远于：违背，乖离。

④变服：改换人君之服。　折节：屈己下人，降低身份。

⑤楚王：指楚威王。

⑥游：游说。　斗：使齐、楚争斗。

⑦罢：同“疲”。

⑧臣畜：臣服。畜，顺从，驯服。

⑨张丑：齐臣。

⑩下楚：功楚。

⑪臣：臣服，制服。　卑：轻视，鄙薄。

⑫务：要求得到，追求。

⑬内：同“纳”。

⑭齐侯：指齐威王。

⑮丑：羞耻，耻辱。

⑯徐州：今山东滕县东南。

【译文】

齐、魏两国在马陵交战，齐国击溃魏国，杀掉魏太子申，歼灭了魏的十万大军。魏惠王召见惠施，对他说：“齐国是我的死对头，我对它的怨恨，到死都不会忘记，魏国虽小，我想动员所有兵力去攻打齐国，你看怎么样?”惠施回答说：“不可以。我听说：王者度量宽弘而霸者懂得计谋。如今大王告诉我的话，度量狭小而计谋不当。大王本来先和赵国结怨，然后和齐国交战。如今战事失利，国家没有守战的准备，大王又打算全力攻齐，这不是我所说的王霸风范啊。大王如果想报复齐国，就不如脱下王服，卑躬屈节去朝见齐国，楚王定会生气。大王派人游说，促使他们互相争斗，楚国必将攻打齐国，以休整好的楚国去攻打疲劳的齐国，齐定会被楚击溃，这就是大王用楚国去毁掉齐国啊！”魏王说：“好。”就派人向齐国通报，愿称臣朝见齐国。田婴答应了。

张丑说：“不可以。如果对魏作战没有获胜，互相朝见，与魏讲和而共同攻楚，这可以取得大胜啊。如今打败了魏国，歼灭了它十万大军，擒杀了太子申，使魏国称臣而卑视秦、楚，齐君定然行为暴戾。并且楚王的为人，喜欢用兵并且很想出名，最终成为齐国祸患的，定是楚国啊。”田婴没有听从，就接纳魏王和他一起多次朝见齐侯。赵国感到羞辱。楚王生气，亲自领兵攻齐，赵国响应它，在徐州大败齐军。

扩展阅读

匡章谓惠子曰[①]：“公之学去尊，今又王齐王，何其到也[②]？”惠子曰：“今有人于此，欲必击其爱子之头，石可以代之。……今可以王齐王而寿黔首之命，免民之死，是以石代爱子头也，何为不为？”

（《吕氏春秋·爱类》）

【注释】

①匡章：齐臣。　惠子：即惠施。

②到：同“倒”。

【译文】

匡章对惠施说：“您主张去掉尊贵，如今又称齐君为王，为什么这样颠倒呢？”惠施说：“这里有一个人，打算要击打他爱子的头，但可以用石块来代替他。……如今尊齐君为王可以延续百姓的寿命，免除百姓的死亡，这就是用石块来代替爱子的头，为什么不这样做呢？”

点评

事物的发展，不可能总是一帆风顺。在顺利时，固当乘胜追击；在情况不利时，要懂得后退一步，积蓄力量，等待时机。

秦楚攻魏围皮氏

秦、楚攻魏，围皮氏[①]。为魏谓楚王曰[②]："秦、楚胜魏，魏王之恐也见亡矣[③]，必合于秦，王何不倍秦而与魏王[④]？魏王喜，必内太子[⑤]。秦恐失楚，必效城地于王，王虽复与之攻魏可也。"楚王曰："善。"乃倍秦而与魏，魏内太子于楚。

秦恐，许楚城地，欲与之复攻魏。樗里疾怒[⑥]，欲与魏攻楚，恐魏之以太子在楚不肯也。为疾谓楚王曰："外臣疾使臣谒之曰：'敝邑之王欲效城地，而为魏太子之尚在楚也，是以未敢。王出魏质，臣请效之，而复固秦、楚之交[⑦]，以疾攻魏。'"楚王曰："诺。"乃出魏太子。秦因合魏以攻楚。

（《魏策二》）

【注释】

①皮氏：地名，在今山西河津西。

②楚王：指楚怀王。

③魏王：指魏襄王。

④倍：同“背”。

⑤内：同“纳”，下同。 太子：名遫（sù），即位后称昭王。

⑥樗（chū）里疾：秦将。

⑦复：恢复。 固：原来的。

【译文】

秦、楚合军攻魏，包围了皮氏。有人替魏国向楚王说：“秦、楚战胜了魏国，魏王恐怕被灭亡，定会与秦国联合，大王为什么不背弃秦国转而和魏王亲善？魏王高兴，定会把太子送入楚国做人质。秦恐失去楚的支持，定会把城地献给大王，大王再和它一起攻打魏国也是可以的。”楚王说：“好。”就背弃秦国而亲附魏国，魏国果然把太子送入楚国。

秦国恐惧，答应把城地割给楚国，打算重新和它攻打魏国。樗里疾很生气，想联魏攻楚，恐怕魏国因太子在楚而不肯。有人替樗里疾对楚王说：“国外的臣子樗里疾让我禀告说：‘敝国的君王打算献上城地，但因魏太子还在楚国，所以未采取行动。大王放走魏国的人质，我君王就把地献上，使秦、楚的友谊重新巩固，迅速攻打魏国。’”楚王说：“好。”就放走魏太子。秦国就联合魏国，攻打楚国。

扩展阅读

樗里子者，名疾，秦惠王之弟也，与惠王异母，母韩女也。樗里子滑稽多智[①]，秦人号曰“智囊”。

（《史记·樗里子甘茂列传》）

【注释】

①滑稽：此指能言善辩，应对如流，和现代滑稽可笑的词义不同。

【译文】

樗里子，名疾，是秦惠王的弟弟，和惠王同父异母，他的母亲是韩国女子。樗里子口才很好而富于智谋，秦国人称他为“智囊”。

点评

战国时期，各国的关系波翻云诡，变化万千，今日为友，明日为敌，难以预料。

要应付变幻莫测的局势，需要有清醒的头脑，过人的才能，方可以随机应变，这正是智谋之士大显身手的好时机。秦与楚攻魏，战争正紧锣密鼓地进行，可形势突变，魏转而与楚联合，使秦陷于孤立。樗里疾巧计离间楚、魏，转而合魏攻楚，变被动为主动，称他为“智囊”，真是名不虚传。

孙臣谏魏王割地

华阳之战[①]，魏不胜秦。明年，将使段干崇割地而讲[②]。孙臣谓魏王曰[③]："魏不以败之上割[④]，可谓善用不胜矣；而秦不以胜之上割，可谓不能用胜矣。今处期年乃欲割[⑤]，是群臣之私而王不知也。且夫欲玺者段干子也[⑥]，王因使之割地；欲地者秦也，而王因使之授玺。夫欲玺者制地[⑦]，而欲地者制玺，其势必无魏矣。且夫奸臣固皆欲以地事秦。以地事秦，譬犹抱薪而救火也，薪不尽则火不止。今王之地有尽，而秦之求无穷，是薪火之说也。"

魏王曰："善。虽然，吾已许秦矣，不可以革也[⑧]。"对曰："王独不见夫博者之用枭邪[⑨]？欲食则食，欲握则握。今君劫于群臣而许秦[⑩]，因曰不可革，何用智之不若枭也[⑪]？"魏王曰："善。"乃按其行。

（《魏策三》）

【注释】

①华阳：韩邑，在今河南新郑东南。

②段干崇：魏臣。

③孙臣：魏臣。　魏王：指魏安釐王。

④上：初。

⑤期（jī）年：一周年。

⑥欲玺：得到秦国的封赏。

⑦制：控制，掌握。

⑧革：更改。

⑨博：古代的一种棋戏。　枭：博戏诸采中的最佳者。掷得枭采可以吃对方的棋子，也可以走别的棋。

⑩劫：协迫。

⑪不若枭：言不如博者之用枭。

【译文】

华阳的战事，魏军被秦打败。次年，魏将派段干崇割地与秦讲和。孙臣对魏王说："魏不在战败的时候割地，可说是善于运用不胜的条件；而秦不在战胜的时候割取魏地，可说是不善运用战胜的时机。如今过了一整年才打算割地，这是群臣的私心而大王不知道啊。并且想得玺的是段干子，大王叫他去割地；想得地的是秦国，大王让它授玺。想得玺的控制着地，而想得地的控制着玺，发展下去就定会使魏国消失。并且奸臣都想用割地来讨好秦国。用割地来讨好秦国，就好比抱着薪柴去救火，薪柴不完那火也就不止息。如今大王的土地有限，而秦国的要求无穷无尽，这就像是薪和火的关系啊。"

魏王说："对。可是，我已答应秦国了，不可以改变。"答说："难道大王没有见过下棋的人如何使用枭棋吗？得到枭棋的，想走就走，想停就停。如今大王受群臣胁迫而答应秦国，因而说不能食言，为什么考虑问题还比不上运用枭棋的人啊？"魏王说："好。"就停止段干崇的行动。

扩展阅读

六国破灭，非兵不利，战不善，弊在赂秦。赂秦而力亏，破灭之道也。……则秦之所大欲，诸侯之所大患，固不在战矣。

（苏洵《权书·六国论》）

【译文】

六国的灭亡，不是武器不精，战斗打得不好，毛病出在贿赂秦国上。贿赂秦国而使力量亏损，这是走向灭亡的路啊。……那么秦国最大的欲望，诸侯最大的祸患，确实不在战争本身了。

点评

国与国之间的战争，有两条战线：一是硝烟弥漫的正面战场，一是外交战线上不见刀枪的战场。

力量占上风的一方，在遭到坚强阻击时，往往也无法占领对方的城邑，它凭借军事优势，常想通过外交手段，迫使对方自动献出土地。劣势的一方，常可用积极抵抗而化解敌方的攻势。鹿死谁手，实难预料。在外交上，更要坚持原则，不能把敌方用武力得不到的土地拱手相送。

割地求和，等于“抱薪救火”，只会使火势越烧越旺。坚持斗争，奋战到底，才是唯一可行的办法。

季梁谏魏攻邯郸

魏王欲攻邯郸[①]，季梁闻之[②]，中道而反[③]，衣焦不申[④]，头尘不浴，往见王曰："今者臣来，见人于大行[⑤]，方北面而持其驾[⑥]，先臣曰：'我欲之楚。'臣曰：'君之楚，将奚为北面？'曰：'吾马良。'臣曰：'马虽良，此非楚之路也。'曰：'吾用多[⑦]。'臣曰：'用虽多，此非楚之路也。'曰：'吾御者善。'此数者愈善，而离楚愈远耳。今王动欲成霸王，举欲信于天下，恃王国之大，兵之精锐，而攻邯郸，以广地尊名，王之动愈数[⑧]，而离王愈远耳，犹至楚而北行也。"

（《魏策四》）

【注释】

①魏王：魏惠王。

②季梁：魏臣。

③反：同“返”。

④申：同“伸”，伸展。

⑤大行：大道，大路。

⑥持其驾：手握缰绳，驾着马车。

⑦用：费用，盘缠。

⑧数（shuò）：疾速。

【译文】

魏王打算攻打邯郸，季梁听说这件事，中途折回，衣服卷缩不伸，头上的尘土也没有洗，匆忙去见魏王道：“今天我来的时候，在大路上见到一个人，正朝着北方驾着他的马车，告诉我说：‘我想到楚国去。’我说：‘您到楚国，为什么朝着北方？’答说：‘我的马是好马。’我说：‘马虽然好，可这不是到楚国的路啊。’答说：‘我的费用充足。’我说：‘费用虽然充足，这的确不是到楚国的路啊。’又说：‘我驾车的人技术高明。’这几个条件愈好，距楚国就更远了。如今大王的举动总想称霸称王，总想在天下得到伸张，依仗大王的国土大，武器精良，想去攻打邯郸，从而扩张土地提高名声，大王的行动愈频繁，离您称王的事业就愈远，就好像想到楚国却向着北走一样啊。”

扩展阅读

魏惠王围邯郸，赵求救于齐。齐威王召大臣而谋曰：“救赵孰与勿救？”邹忌子曰[①]：“不如勿救。”段干朋曰[②]：“不救则不义，且不利。”……邯郸拔，齐因起兵击魏，大败之桂陵。

（《史记·田敬仲完世家》）

【注释】

①邹忌子：即齐相邹忌。

②段干朋：齐臣。

【译文】

魏惠王包围邯郸，赵国向齐国求救。齐威王召集大臣商量说："救赵国还是不救？"邹忌说："不如不救。"段干朋说："不救则不义，并且不利。"……邯郸失守，齐国于是起兵，在桂陵大败魏军。

点评

做事成功，有一个前提，必须是大方向正确。

方向对了，多一分耕耘，就多一分收获。日积月累，由小到大，涓涓不息，汇为江河，成功定可预期。方向不对，南辕北辙，愈努力问题愈多，愈坚持错误愈大。

现代社会是高科技社会，运用自己的高科技知识为社会造福，为人民谋福利，愈努力贡献愈大，愈受到社会和人民的崇敬。反过来，用高科技去干坏事，钻研得愈深，劲头愈足，做出的事危害性愈大，后果愈严重，愈将受到严厉的惩罚。

唐且说信陵君

信陵君杀晋鄙①，救邯郸，破秦人，存赵国，赵王自郊迎②。

唐且谓信陵君曰③：“臣闻之曰，事有不可知者，有不可不知者；有不可忘者，有不可不忘者。”信陵君曰：“何谓也？”对曰：“人之憎我也，不可不知也；吾憎人也，不可得而知也。人之有德于我也，不可忘也；吾有德于人也，不可不忘也。今君杀晋鄙，救邯郸，破秦人，存赵国，此大德也。今赵王自郊迎，卒然见赵王④，臣愿君之忘之也。”

（《魏策四》）

【注释】

①信陵君杀晋鄙：前257年，信陵君通过魏王的爱妃如姬窃得虎符，杀掉将军晋鄙，选兵八万，在邯郸城下大破秦军。

②赵王：赵孝成王。战国时赵国国君，名丹，赵惠文王子，前265—前245年在位。

③唐且（jū）：魏人。且，同“雎（jū）”。

④卒（cù）然：仓促的样子。卒，同“猝”。

【译文】

信陵君杀掉晋鄙，挽救了邯郸，击破秦军，保全了赵国。赵王亲自到郊外迎接他。

唐且对信陵君说："我听人说，事情有不能知道的，有不能不知道的；有不能忘记的，有不能不忘记的。"信陵君说："这话怎么说呢？"答说："别人憎恨我，不可不知道；我憎恨别人，是不可能让别人知道的。别人对我有恩惠，不应忘记；我对别人有恩惠，不可以不忘记啊。如今您杀掉晋鄙，挽救了邯郸，击破秦军，保全了赵国，这是很大的恩惠啊。如今赵王亲自到郊外迎接，忽然见到赵王，我希望忘记所施的恩惠啊。"

扩展阅读

赵孝成王德公子之矫夺晋鄙兵而存赵[①]，乃与平原君计，以五城封公子。公子闻之，意骄矜而有自功之色。客有说公子曰……于是公子立自责，似若无所容者。……赵王侍酒至暮，口不忍献五城，以公子退让也。

（《史记·魏公子列传》）

【注释】

①公子：指信陵君。

【译文】

赵孝成王感激公子无忌假传王命，夺得晋鄙的部队而保全了赵国，就和平原君商量，打算拿五座城封给公子。公子听到消息，心中骄傲而流露出自满的表情。有人向公子进说道……于是公子立刻自己责备自己，好像很羞愧的样子。……赵王陪公子喝酒直到暮色苍茫，口里不好把献五城的话说出来，因为公子十分谦让的缘故啊。

点评

月满则缺，月盈则亏，这是自然规律。人事呢，与此也颇相类似，忌满恶盈。

作出一点贡献，有了一点成绩，这只是事业的起点，决不能成为骄傲的资本。谦逊是一种美德，能使人保持头脑清醒。功成而不居，更能赢得别人的尊重。骄傲自满，沾沾自喜，常使人脑子发热，自以为是，往往埋下失败的祸根。有的人一生兢兢业业，作出许多贡献，可到了晚年，志得意满，躺在功劳簿上睡大觉，有时因为一念之差，犯下严重错误，不能保持晚节，令人惋惜，这都是骄傲所致。

“满招损，谦受益”，这是我国古代有益的格言，值得我们牢牢记取。

唐且不辱使命

秦王使人谓安陵君曰[1]："寡人欲以五百里之地易安陵[2]，安陵君其许寡人？"安陵君曰："大王加惠，以大易小，甚善。虽然，受地于先王，愿终守之，弗敢易。"秦王不说。安陵君因使唐且使于秦。

秦王谓唐且曰："寡人以五百里之地易安陵，安陵君不听寡人，何也？且秦灭韩亡魏，而君以五十里之地存者，以君为长者[3]，故不错意也[4]。今吾以十倍之地，请广于君，而君逆寡人者，轻寡人与？"唐且对曰："否，非若是也。安陵君受地于先王而守之，虽千里不敢易也，岂直五百里哉[5]！"

秦王怫然怒[6]，谓唐且曰："公亦尝闻天子之怒乎？"唐且对曰："臣未尝闻也。"秦王曰："天子之怒，伏尸百万，流血千里。"唐且曰："大王尝闻布衣之怒乎？"秦王曰："布衣之怒，亦免冠徒跣[7]，以头抢地尔。"唐且曰："此庸夫之怒也，非士之怒也。……若士必怒，伏尸二人，流血五步，天下缟素[8]，今日是也。"挺剑而起。

秦王色挠[9]，长跪而谢之曰："先生坐，何至于此，寡人谕矣[10]。夫韩、魏灭亡，而安陵以五十里之地存者，徒以有先生也。"

（《魏策四》）

【注释】

①秦王：嬴政，前 246 年即秦王位，前 221 年统一六国后改称始皇帝。　安陵君：魏国分封的小国君主。安陵，在今河南鄢陵西北。

②易：交换。

③长者：忠厚老实的人。

④不错意：不介意，不放在心上。错，同"措"。

⑤直：只。

⑥怫（fú）然：生气的样子。

⑦徒跣（xiǎn）：赤脚。

⑧缟素：指丧服。

⑨色挠：脸上现出了屈服之色。

⑩谕：明白。

【译文】

秦王派人对安陵君说："我打算用五百里的地方交换安陵，安陵君能答应我吗?"安陵君说："承蒙大王对敝国施恩，用大换小，很好。可是，安陵是从先王那里继承下来的，我愿一直守住它，不敢拿来交换。"秦王为此很不高兴。安陵君因而派唐且出使秦国。

秦王对唐且说："我用五百里的地方来交换安陵，但安陵君却不肯听从我，这是为什么?况且秦国已经灭掉韩、魏，而安陵君仅凭五十里的地方得以保存下来，是因为我念他是个年高有德的人，所以才没有在意。现在我拿出十倍的土地来为他扩大地盘，而他竟然违抗我，是瞧不起我吗?"唐且回答说："不，不是这样。安陵君从先王那里继承下来的土地，就要保住它，即使用一千里土地也不敢交换，何况是五百里呢?"

秦王勃然大怒，对唐且说："您也曾听说过天子发怒吗?"唐且回答说："我没有听说过。"秦王说："天子发起怒来，就会使百万尸体倒地，血流千里。"唐且说："大王可曾听说过平民发怒吗?"秦王说："平民发起怒来，不过是披头赤脚，用头往地上撞罢了。"唐且说："这是庸人的发怒，不是侠士的发怒。……要是侠士发起怒来，将使两具尸体同时倒下，血流五步，普天下的人都会穿上孝服，今天就是这样的时候。"说罢，就拔出宝剑，挺起身来。

秦王吓得脸色大变，慌忙从座位上挺直身子，向唐且道歉说："先生请坐下，哪里会弄到这种地步呢！我已经明白了。韩、魏两国都被灭掉，而安陵却凭着五十里的地方得以幸存，正是因为有先生您这样的人在啊。"

扩展阅读

居天下之广居[1]，立天下之正位[2]，行天下之大道[3]。得志，与民由之；不得志，独行其道。富贵不能淫，贫贱不能移，威武不能屈，此之谓大丈夫。

（《孟子·滕文公下》）

【注释】

①广居：指“仁”。

②正位：指“礼”。

③大道：指“义”。

【译文】

住在天下最宽广的住宅里，站在天下最正确的位置上，走在天下的光明大道上。得志的时候，和百姓一起循着大路走；不得志的时候，独自按照自己的原则办。富贵不会乱心，贫贱不会变志，威武不会屈节，这才是大丈夫。

点评

外交使节，重任在肩，因为谈判的成败直接关系到国家的命运和前途。历来的当政者在选派使者时，都反复考虑，派出最合适的人选，即所谓“妙选行人”（“行人”，外交人员）。使臣常会遇到各种复杂的情况，需要临机应变，更需要勇敢坚强。

唐且临危受命，只身深入敌国，面对秦国强大的军事压力，威武不屈，完成了使命，真可算是具有大智大勇的“大丈夫”。

我们立身处世，也应该具有无私无畏的英雄气概，捍卫正义，蔑视强权，做一个顶天立地的人。

史疾为韩使楚

史疾为韩使楚[①]，楚王问曰[②]：“客何方所循[③]？”曰：“治列子圉寇之言[④]。”曰：“何贵？”曰：“贵正。”王曰：“正亦可为国乎？”曰：“可。”王曰：“楚国多盗，正可以圉盗乎[⑤]？”曰：“可。”曰：“以正圉盗，奈何？”顷间有鹊止于屋上者，曰：“请问楚人谓此鸟何？”王曰：“谓之鹊。”曰：“谓之乌可乎？”曰：“不可。”曰：“今王之国有柱国、令尹、司马、典令[⑥]，其任官置吏，必曰廉洁胜任。今盗贼公行而弗能禁也，此乌不为乌，鹊不为鹊也。”

（《韩策二》）

【注释】

①史疾：韩臣。

②楚王：不详何王。

③方：方术，法术。　循：学习，研究。

④列子圉（yǔ）寇：即列御寇，又称列子，战国时郑国学者。

⑤圉：同“御”，阻止。

⑥柱国：楚国最高武官。　司马：主管军事。　典令：主管发布政令。

【译文】

史疾替韩国出使楚国，楚王问道：“先生研究何种学问？”答说：“钻研列子圄寇的学说。”问：“看重什么？”答：“看重正。”楚王说：“正也可用来治国吗？”答说：“可以。”楚王说:“楚国的盗贼多，正可以御盗吗？”答说：“可以。”问：“以正御盗，如何实施？”不久，有只鹊停在了屋上，史疾问：“请问楚国把这种鸟称为什么？”楚王说：“把它叫鹊。”问：“称为乌鸦可以吗？”答说：“不可以。”史疾说：“如今大王的国内有柱国、令尹、司马、典令等官，在任用官员时，定要叫他们廉洁胜任。如今盗贼横行而不能禁止，这就是乌不成乌，鹊不成鹊啊。”

扩展阅读

名不正则言不顺，言不顺则事不成，事不成则礼乐不兴，礼乐不兴则刑罚不中，刑罚不中则民无所错手足[①]。

（《论语·子路》）

【注释】

①错：同“措”，放置。

【译文】

名不正，言语就不顺当；言语不顺当，事情就搞不好；事情搞不好，国家的礼乐制度就兴办不起来；礼乐制度兴办不起来，刑罚就不能得当；刑罚不得当，百姓们就会手足无措。

点评

社会上常会有一些名不符实的现象，挂的是“羊头”，卖的却是“狗肉”。

有的人打着“专家”“权威”的招牌，说是某种药物具有神效，能治绝症，或能起死回生，其实只是拿一些没有任何疗效的保健品在骗人。有的人宣称手头有什么祖传绝世奇珍，其实只是些一文不值的赝品，令人齿冷。有的人狂吹自己拥有巨额资金，正在寻觅投资项目，骗得一些商家损失巨款，血本无归。有的自命“大师”，吹嘘自己具有某种“法力”，可使人不药而愈，甚至超升天界，其结果只是把一些愚昧的痴迷者送上不归路。

面对欺世盗名的魍魉，我们需要正名。假的就是假的，伪装应该剥去；红日当空，让假冒伪劣无处遁形。

段干越人说新城君

段干越人谓新城君曰[①]：“王良之弟子驾[②]，云取千里马，遇造父之弟子[③]。造父之弟子曰：‘马不千里。’王良弟子曰：‘马[④]，千里之马也；服[⑤]，千里之服也。而不能取千里，何也？’曰：‘子纆牵长[⑥]。’故纆牵于事，万分之一也，而难千里之行。今臣虽不肖，于秦亦万分之一也，而相国见臣不释塞者，是纆牵长也。”

（《韩策三》）

【注释】

①段干越人：魏国人。段干，复姓。越人，名。　新城君：芈戎，秦相。

②王良：赵简子的驾车者，善驾车马。

③造父：周穆王的驾车者，也以善驾车马闻名。

④马：古代以四马驾车，两边是骖（cān）马，当中夹辕的是服马，此“马”当指“骖”。

⑤服：指服马。

⑥纆（mò）：绳索。

【译文】

段干越人对新城君说：“王良的弟子把马套好，说是要行千里，遇到了造父的弟子。造父的弟子说：‘马行不了千里。’王良的弟子说：‘这马是千里马，服马也是千里马，你却说行不了千里，这是为什么？’答说：‘你牵马的绳索过长。’牵马索对于这事来说，只占万分之一，却影响到千里马的行程。如今我虽然不才，对秦国也算是万分之一吧，可是相国您却不为我排除障碍，这就等于是驾马时牵马的绳索过长啊！”

扩展阅读

千丈之堤以蝼蚁之穴溃，百尺之室以突隙之烟焚[①]。故白圭之行堤也[②]，塞其穴；丈人之慎火也，涂其隙。是以白圭无水难，丈人无火患。

（《韩非子·喻老》）

【注释】

①突：烟囱。

②白圭：战国魏人，水利专家。

【译文】

千丈长的堤防，因蚂蚁的巢穴而崩溃；百尺高的房屋，因烟囱的火星而焚毁。所以白圭巡视堤防，塞掉蚁穴；老年人防止火灾，涂平缝隙。因而白圭没有水灾，老年人没有火患。

点评

祸患的发生，不会突然而来，总有一个由小到大的积累过程。有远见的人，善于发现苗头，防微杜渐，不让它发展到不可收拾，白圭和丈人都是这样的人。

对于个人来说，有了小的错误就要及时纠正，迷途知返。大风起于萍末，细流汇成江河，小小问题，哪怕对事情的影响只有万分之一，也不可以忽视。“不因善小而不为，不因恶小而为之”，不要忘记这两句有益的教诲。

燕昭王复国求贤

燕昭王收破燕后即位[1]，卑身厚币，以招贤者，欲将以报仇。故往见郭隗先生曰[2]：“齐因孤国之乱，而袭破燕。孤极知燕小力少，不足以报。然得贤士与共国[3]，以雪先王之耻[4]，孤之愿也。敢问以国报仇者奈何？”

郭隗先生对曰：“帝者与师处，王者与友处，霸者与臣处，亡国与役处。诎指而事之[5]，北面而受学，则百己者至[6]。先趋而后息，先问而后嘿[7]，则什己者至。人趋己趋，则若己者至。冯几据杖[8]，眄视指使[9]，则厮役之人至。若恣睢奋击[10]，呴籍叱咄[11]，则徒隶之人至矣[12]。此古服道致士之法也。王诚博选国中之贤者而朝其门下，天下闻王朝其贤者，天下之士必趋于燕矣。”

昭王曰：“寡人将谁朝而可？”郭隗先生曰：“臣闻古之人君有以千金求千里马者，三年不能得。涓人言于君曰[13]：‘请求之。’三月得千里马，马已死，买其首五百金，反以报君。君大怒曰：‘所求者生马，安事死马而捐五百金[14]？’涓人对曰：‘死马且买之五百金，况生马乎？天下必以王为能市马，马今至矣。’于是不能期年，千里之马至者三。今王诚欲致士，先从隗始，隗且见事，况贤于隗者乎？岂远千里哉！”

于是昭王为隗筑宫而师之。乐毅自魏往[15]，邹衍自齐往[16]，剧辛自赵往[17]，士争凑燕[18]。燕王吊死问生，与百姓同其甘苦。二十八年，燕国殷富，士卒乐佚轻战[19]。于是遂以乐毅为上将军[20]，与秦、楚、三晋合谋以伐齐。齐兵败，闵王出走于外。燕兵独追北，入至临淄，尽取齐宝，烧其宫室宗庙。齐城之不下者，唯独莒、即墨。

（《燕策一》）

【注释】

①燕昭王：名职，燕王哙之子，前311—前278年在位。

②郭隗（wěi）：燕国贤人。

③共国：共同治理国家。

④先王之耻：前316年，燕王哙把王位让给相国子之，引起内乱，齐宣王乘机攻破燕国，杀死燕王哙。先王，指燕王哙。

⑤诎指：委屈己意。诎，同“屈”。指，意旨、意向。

⑥百己者：才能超过自己百倍的人。
⑦嘿：同“默”，沉默，停止发问。
⑧冯几：靠着几案。冯，通“凭”。 据杖：拄着拐杖。
⑨眄（miǎn）视：斜视。
⑩恣睢（cuī）：放肆骄横。
⑪呴（hǒu）：同“吼”，吼叫。 籍：通“藉”，欺辱。
叱咄（chì duō）：大声吼叫。
⑫徒隶：刑徒奴隶，服劳役的犯人。
⑬涓人：国君身边的侍从。
⑭安事：犹言“何用”。事，用。 捐：花费，耗用。
⑮乐毅：原为中山国灵寿（今河北平山东北）人，赵灭中山，成为赵人，后入燕，成为燕国名将。
⑯邹衍：齐国学者。
⑰剧辛：赵国贤人。
⑱凑：通“走”，奔赴，趋附。
⑲乐佚：悠闲安乐。 轻战：不怕打仗。
⑳上将军：位在诸将之上，相当于统帅。

【译文】

燕昭王在收拾残破的燕国后登位，他谦恭有礼，用丰厚的礼品聘请贤人，打算依靠他们为国报仇。他特地去见郭隗先生说：“齐国趁着我国的内乱而攻破我国，我深知燕国国小力弱，没有足够的力量报仇。但如能得到贤士和我共同治理国家，为先王报仇雪恨，这可是我的心愿啊。请问先生，怎样才能为国复仇呢？”

郭隗先生回答说：“成就帝业的国君，把贤人当作师长对待；成就王业的国君，把贤人当作朋友对待；成就霸业的国君，把贤人当作普通臣下对待；亡国的君主，则把贤人当作仆役对待。国君如能屈己奉人，像弟子一样向贤人求教，才能超过自己百倍的人就会到来。如果做事抢先而休息在后，发问在前而沉默在后，才能高出自己十倍的人就会到来。如果跟着别人亦步亦趋，才能与自己相当的人就会到来。如果身靠几案，手拄拐杖，斜眼看人，指手划脚，那么供跑腿差使的人就会到来。如果放肆骄横，对人任意凌辱，狂呼乱叫，那就只有奴隶般的人到来了。这是从古以来事奉贤者，招致人才的方法啊。大王真能广泛选拔国内的贤人，亲自登门求教，天下的贤人听到这个消息，定会赶到燕国来。”

燕昭王说：“我去拜见谁才好呢？”郭隗先生说：“我听说古代有一位国君，用千金求购千里马，三年都没能买到。他身边的侍臣对他说：‘请让我去寻求吧。’国君就派他去了。三个月后得到了千里马，可马已经死了，他就用五百金买下死马的头，回去向国君复命。国君非常生气地说：‘我寻求的是活马，怎么去买死马而白费我的五百金呢？’侍臣答道：‘死马尚且用五百金来买它，何况活马呢！天下都知道大王喜欢买好马，千里马就会来到了。’于是不到一年，买到的千里马就有三匹。如今大王真想招纳贤士，请先从我郭隗开始。我郭隗尚且受到重视，何况胜过郭隗的呢？他们难道会嫌燕国太远而不肯前来吗？”

于是燕昭王为郭隗修建了房舍，拜他为师。接着，乐毅从魏国前来，邹衍从齐国前来，剧辛从赵国前来，贤士们争着聚集到燕国。燕昭王悼唁死去的人，慰问生存的人，和百姓同甘共苦，经过二十八年，燕国富庶，战士们安乐舒适，敢于战斗。于是燕昭王任用乐毅做上将军，和秦、楚、韩、赵、魏等国共同策划攻打齐国。齐军被打得大败，齐闵王逃亡国外。燕军单独追击败逃的齐军，直入临淄，搬走齐国的所有珍宝，烧毁齐国的宫室宗庙。齐国的城邑，只有莒和即墨未被攻下。

扩展阅读

孔子曰："益者三友，损者三友。友直，友谅，友多闻，益矣。友便辟①，友善柔，友便佞②，损矣。"

（《论语·季氏》）

【注释】

①便辟：谄媚逢迎。

②便佞（nìng）：用花言巧语逢迎人。

【译文】

孔子说："有益的朋友有三种，有害的朋友有三种。结交正直的人，结交诚信的人，结交见多识广的人，便是有益的。结交阿谀奉承的人，结交当面恭维、背后诋毁的人，结交夸夸其谈的人，便是有害的。"

点 评

对国君来说，有一个择臣的问题；对一般人来说，有一个择友的问题。任用什么样的臣僚，会影响到国家的命运；结交什么样的朋友，会影响到个人的未来。近朱者赤，近墨者黑，"蓬生麻中，不扶自直"，这是再简单不过的道理。人在社会中生活，不可能是孤立的，总要结交一些朋友，我们要有高尚的情怀，和有益的朋友接近。我们要选择的益友，是为人正直，能在道德、学问和事业上互相帮助和鼓励的人。千万注意，不要误交损友。孔子说："有朋自远方来，不亦乐乎？"这种"朋"，指的就是切磋学艺的良"朋"。

和有益的朋友接近，才能帮助自己不断进步。